社労士・税理士が教える

絶対にやっておかないとヤバイ！

定年前後の手続きの進め方

改訂版

特定社会保険労務士
房野和由

税理士・社会保険労務士
柴崎貴子

彩図社

はじめに

年金制度の歴史を紐解くと、基礎年金の導入などが行われた1985(昭和60)年改正が制度の抜本的改正と言えるような大変革でありました。その後2000(平成12)年の改正により、年金の支給開始年齢が60歳から65歳に引き上げられ、60歳の定年から年金がもらえる65歳までの５年間の収入確保をどうするかが、多くの会社員にとって重大な関心事でした。

もっとも、2013(平成25)年に高年齢者雇用安定法が改正され、企業に対して「65歳までの雇用確保」が義務付けられたことで、年金受給までの５年間の問題は解消されました。さらに、2020(令和２)年の改正では「70歳までの就業機会の確保」が努力義務とされたことで、今後も働くシニア世代が増えていくものと予想されます。

もはや60歳の定年は、リタイアする年齢ではないと言ってよいでしょう。2022(令和４)年の「労働力調査」によると、60～64歳の全体の73.0%(男性83.9%・女性62.7%)が働いているといいます。

とはいえ、60歳、65歳という年齢が節目の年齢であることに変わりありません。そこで本書は、そろそろ定年を迎える会社員が知っておくべき社会保険や税金などについて、可能な限り専門用語を使わずに、簡潔な文章と図解で解説しました。実際に提出する書面もふんだんに掲載しています。

60歳(65歳)以降も同じ会社で働き続ける人、他の会社に再就職する人、いずれも年を追うごとに、年金をもらいながら働く人が増えていくでしょう。同時に何歳まで働くかを真剣に考える必要があります。

また、そろそろ相続の準備をする年齢に差し掛かります。第５章の税金に関するテーマは税理士の柴崎氏にお願いし、生前贈与など相続税対策についても取り上げています。

本書が少しでも、読者の皆さまのお役に立てれば幸いです。

2023(令和５)年６月　　特定社会保険労務士　房野和由

本書の内容は、2023年６月現在の法令に基づいています。

社労士・税理士が教える
絶対にやっておかないとヤバイ！
定年前後の手続きの進め方

目次

第３章　年金編

第４章　健康保険編

第５章　退職後の税金編

定年前後の諸手続きスケジュール

「雇用保険」、「年金」、「健康保険」、「税金」に関する手続きを確認しましょう。

	定年退職前	定年退職時
雇用保険	60歳以降も働き続けるか? → 74ページ参照 雇用保険被保険者証の有無は? ※ 紛失した場合は再交付の申請をする	離職証明書に記載されている内容を確認し、本人記入欄に記入する 会社で雇用保険被保険者証を保管している場合は、被保険者証を受取る
年金	ねんきん定期便などで加入記録等を確認しておく → 108ページ参照 何歳から年金をもらえるか確認しておく → 102ページ参照 59歳時 ねんきん定期便が送付されて来る → 108ページ参照	年金手帳(基礎年金番号通知書)の有無は? ※紛失した場合は再交付の申請をする → 16ページ参照
健康保険	会社を退職した後、どの医療保険に加入するか検討しておく → 146ページ参照	健康保険証を会社に返却する
税金	「退職所得の受給に関する申告書」を会社へ提出する → 168ページ参照	

定年退職以後	
退職してから1週間～10日以内に、会社から離職票1・2が送られて来る → 40ページ参照 再就職を希望する場合は、ハローワークで求職の申込みを行う（基本手当を受給する）→ 48ページ参照	雇用保険
年金が支給される3カ月前に年金請求書（事前送付用）が送られて来る ※必要となる添付書類等を準備する→ 114ページ参照 **配偶者が60歳未満のとき** 退職日の翌日から14日以内に市区町村役場で配偶者の種別変更手続きをする → 24ページ参照 年金受給年齢になったら、年金事務所等で年金請求手続きをする → 114ページ参照	年金
◆健康保険の任意継続を選択する場合 退職日の翌日から20日以内に手続きをする → 148ページ参照 **◆国民健康保険に加入する場合** 退職日の翌日から14日以内に手続きをする → 152ページ参照 **◆家族の被扶養者になる場合** 被扶養者になってから5日以内に手続きをする → 160ページ参照	健康保険
「退職所得の源泉徴収票」「給与所得の源泉徴収票」を受取る → 168,176ページ参照 確定申告をする（2月16日～3月15日）	税金

退職時に会社に返すもの、受取るもの

退職するときに、会社に返却するもの、会社から受取るものをよく確認しておきましょう。

会社に返却するもの

●健康保険被保険者証
自分のものだけでなく、扶養家族の保険証も返却すること。

●身分証明書、社員証、社員バッジ、名刺
その会社の社員ではなくなるので、身分証明書の類は、すべて会社に返却する。

●通勤定期券
定期券が現物支給されている場合は、これを返却する。

●制服
会社で着用していた制服等がある場合は、会社に返却する。クリーニングして返すのがマナー。

●その他
会社から支給（貸与）されていたパソコンやスマートフォン、事務用品などもすべて返却する。

会社から受取るもの

●離職票
失業等給付の受給手続きの際に、必要となる。次の転職先が決まっており、すぐに再就職する場合は、必要ない。

●雇用保険被保険者証
会社が保管している場合は、これを返却してもらう。次の就職先が決まったら、また提出を求められる。

●源泉徴収票
次の就職先が決まった場合は、前勤務先の分もあわせて年末調整をしてもらう。退職した年度内に再就職しなかったときは、確定申告する際に必要となる。

●年金手帳
会社が保管している場合は、これを返却してもらう。

1章

定年前の準備をする

01 退職したら もう会社任せにはできなくなる

定年退職するときには、年金・保険など各種の手続きがあります。退職する数カ月前から準備しておきましょう。

会社は雇入れから退職するまで面倒を見てくれる

会社員として働いていれば、給料日には給与が支払われ、税金や年金、健康保険の保険料は給与からの天引きという形で納付されます。**年末調整**も、会社の経理部や総務部のほうで処理してくれるでしょう。

誤解を恐れずに言うと、面倒な事務手続きはすべて会社がやってくれるのです。会社員本人が税務署や年金事務所に出向いて、各種手続きをやるということは、基本的にないはずです。

会社は従業員を採用したら、雇入れから退職するまでの手続きをしなければならないわけで、煩わしい事務手続きは会社任せにできるという意味では、会社員は楽だと言えます。

定年後の手続きにはどんなものがある？

「会社員は楽だ」と言っていられるのは、現役の会社員でいる間の話であって、会社を退職したら、いろいろな手続きを自分でやらなくてはなりません。

退職後に必要となる主な手続きは、13ページの４つ。すなわち、**雇用保険**、**年金**、**健康保険**、**税金**の４つです。行政に対する手続きですから、「○日以内に」という期限が決まっているものも多くあり、「知らなかった」では済まされません。「いつまでに・どこへ」を意識して、もれなく手続きすることが求められます。

また、定年前後の手続きでは「選択する」「決断する」ことが多いのが特徴です。

■定年退職後に必要となる主な手続き

雇用保険	失業したときにもらえるのが雇用保険です。退職して雇用保険をもらう場合には、受給要件を満たしている必要があります。退職理由によってもらえる日数が変わってくるので、注意が必要です。 →第2章
年金	老後の生活を経済的に支えるのが年金です。自分は何歳から年金がもらえるのか、よく確認しましょう。また、年金を受給するには、年金請求書を提出する必要があります。 →第3章
健康保険	会社を辞めると、これまで加入していた健康保険から脱退することになります。退職後の医療保険については、いくつかの選択肢があるので、有利なものを選ぶようにします。 →第4章
税金	多くの人が年末調整で還付されていた税金も、退職後は確定申告しない限り、払い過ぎた税金は戻ってきません。場合によっては、税理士に相談しなければならない事案も出てくるかもしれません。 →第5章 会社を辞めたら… 扶養控除 生命保険料控除 地震保険料控除 所得 × 税率 = 所得税 確定申告しなければ、扶養控除も保険料控除も受けられない！

02 自分の人生を振り返ってみる

定年は人生の節目です。定年を機に、仕事を辞める人も働き続ける人も、ここで自分の半生を総括してみましょう。

年金は60歳からもらえない

まず、基本的な話から始めましょう。2023年度に60歳の誕生日を迎える人は2023－60＝1963で、1963年生まれの人です。元号でいうと、昭和38年4月2日から昭和39年4月1日生まれの人が該当します。この年代の人は男性の場合、65歳から**老齢基礎年金**、**老齢厚生年金**（女性は63歳から報酬比例部分）がもらえます。

自分はいつから年金をもらい始めることができるのか、正確に把握していますか？　すでに、年金は60歳から支給が開始されるものではなくなっています。

転職が多い人は年金記録もれが多い

高校や大学を卒業してから、ずっとひとつの会社に勤めていた人は、これまでの経歴を思い出すのは容易なことでしょう。

しかしながら、転職することが珍しくない昨今、定年まで1社に勤務しただけという人のほうがむしろ少数派ではないでしょうか。注意したいのは、転職の多い人です。2社、3社、4社…と渡り歩いていた人は、それぞれ入社した日、退社した日を思い出すのも一苦労です。

A社からB社に移る間にタイムラグがあると、1カ月、2カ月の保険料の**未納期間**（みのう）がある人が結構います。自分ではすぐに次の会社に転職したので、厚生年金の記録が続いていると思っていても、そこは本来、国民年金の保険料を納めるべき期間であり、その保険料が納付されていないため、未納となってしまっている人が多いのです。

■2023年度に60歳になる人（男性）の老後の年金

【男性】昭和38年４月２日～昭和39年４月１日生

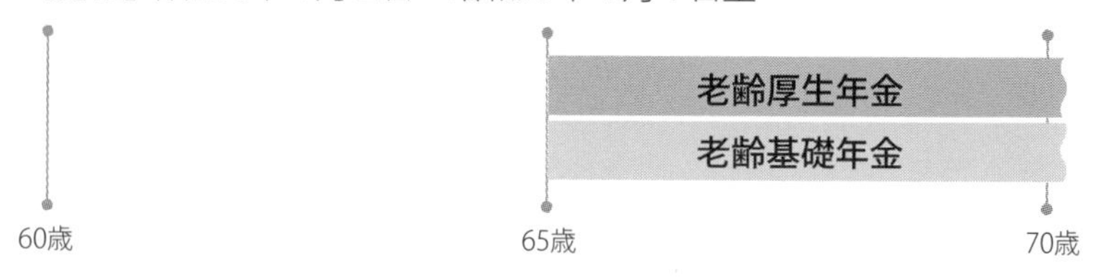

【女性】昭和38年４月２日～昭和39年４月１日生＊

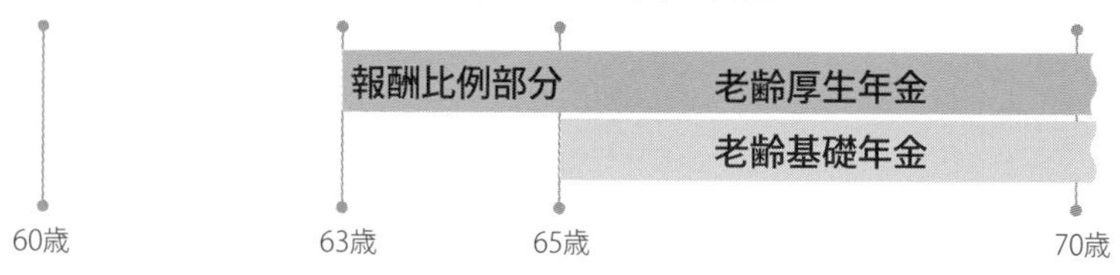

＊女性は５年遅れのスケジュールになるため、63歳から報酬比例部分が受給できる。（102～105ページ参照）

●なぜ転職したときは、国民年金の未納が起こりやすいのか？

ある会社を辞めて、次の会社に入るまでの期間が厚生年金保険ではなく、国民年金となっているため。それに気づかず、国民年金の保険料を払わずにいると、未納になってしまうケースが多い。

■被保険者の資格喪失

会社を辞めた場合は、該当するに至った日の翌日に資格を喪失する

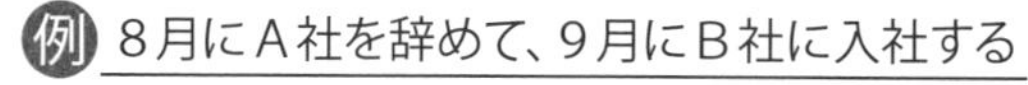

例 8月にＡ社を辞めて、9月にＢ社に入社する

８月31日退職…
資格喪失日は９月１日→ **８月分の保険料は支払われる**

８月30日退職…
資格喪失日は８月31日→ **８月分の保険料は支払われない**

８月30日退職の場合は、８月分の厚生年金保険料は支払われないので、この１カ月だけ国民年金の第１号被保険者として国民年金の保険料を支払うべきであり、これを怠ると未納期間となってしまう。

03 年金手帳と基礎年金番号通知書

2022（令和４）年４月から年金手帳に代わって「基礎年金番号通知書」が発行されるようになりました。

年金手帳から基礎年金番号通知書へ

年金手帳は、厚生年金保険や国民年金に加入したときに交付されていましたが、令和４年４月から年金手帳に代わって**「基礎年金番号通知書」**が発行されるようになりました。

これから新たに年金制度に加入する人に対しては、基礎年金番号通知書が発行されます。

事実上、年金手帳は廃止された形ですが、すでに年金手帳を持っている人には基礎年金番号通知書は発行されないため、引き続いて年金手帳を大切に保管しておく必要があります。

普段、年金手帳を使うことはあまりないため、どこにしまったのか忘れてしまったという場合は、再交付を申請します。交付されるのは、年金手帳ではなく、基礎年金番号通知書ということになります。

基礎年金番号を確認する

かつては、国民年金、厚生年金保険、共済組合の制度では、加入者の年金番号が独自に付けられていましたが、平成９年からすべての年金制度に共通した「**基礎年金番号**」が付けられ、転職や退職することで制度が変わったりしても、年金番号が変わらないため、年金相談や年金受給の手続きがスムーズにできるようになりました。

基礎年金番号は、10桁の番号体系です。青色の年金手帳や基礎年金番号通知書、国民年金保険料の納付書などで確認することができます。

■年金手帳（基礎年金番号通知書）を紛失またはき損したとき

●手続き時期・場所

被保険者が基礎年金番号通知書再交付申請書を提出する。

<table>
<tr><td>提出時期</td><td colspan="2">基礎年金番号通知書や年金手帳を紛失またはき損したとき、または届出によらず、住民基本台帳ネットワークの異動情報に基づき、氏名の変更が行われたとき</td></tr>
<tr><td rowspan="7">提出先</td><td>国民年金第1号被保険者
または
任意加入被保険者の場合</td><td>最寄りの年金事務所※
または
住所地の市区町村役場</td></tr>
<tr><td>厚生年金保険
または
船員保険の被保険者の場合</td><td>勤務する事業所を経由して、
または直接、
事業所の所在地を管轄する
年金事務所※</td></tr>
<tr><td>国民年金第３号被保険者
の場合</td><td>配偶者の勤務する
事業所の所在地を管轄する
年金事務所※</td></tr>
<tr><td>厚生年金保険の
第四種被保険者の場合</td><td rowspan="4">最寄りの年金事務所※</td></tr>
<tr><td>最後に加入の年金制度が
国民年金であり、
第１号被保険者または
任意加入被保険者であった場合</td></tr>
<tr><td>最後に加入の年金制度が
厚生年金保険または
船員保険であった場合</td></tr>
<tr><td>最後に加入の年金制度が
国民年金であり、
第３号被保険者であった場合</td></tr>
<tr><td>提出方法</td><td colspan="2">電子申請、郵送、窓口持参</td></tr>
</table>

※郵送の場合は事務センター

●提出書類

基礎年金番号通知書再交付申請書

■基礎年金番号通知書再交付申請書

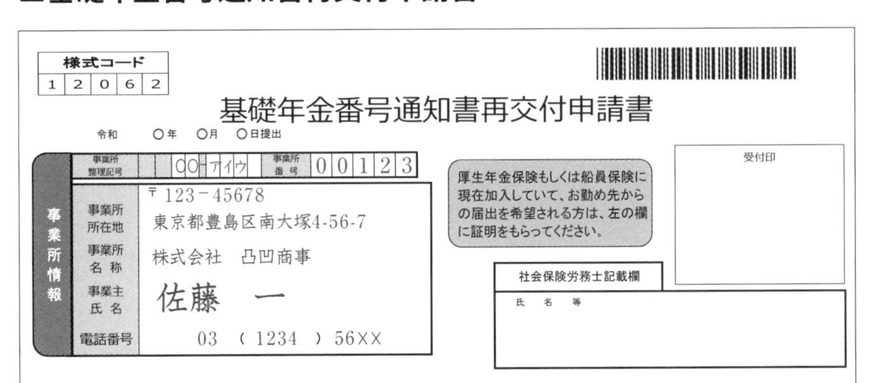

様式コード				
1	2	0	6	2

基礎年金番号通知書再交付申請書

令和　○年　○月　○日提出

事業所情報		
事業所整理記号	○○-アイウ	事業所番号 00123
事業所所在地	〒123－45678 東京都豊島区南大塚4-56-7	
事業所名称	株式会社　凸凹商事	
事業主氏名	佐藤　一	
電話番号	03　（1234　）56××	

厚生年金保険もしくは船員保険に現在加入していて、お勤め先からの届出を希望される方は、左の欄に証明をもらってください。

受付印

社会保険労務士記載欄

氏　名　等

申請対象の被保険者について記入してください。
基礎年金番号（１０桁）で届出する場合は「①個人番号（または基礎年金番号）」欄に左詰めで記入してください。

A. 被保険者				
① 個人番号（または基礎年金番号）	1 2 3 4 5 6 7 8 9 0 1 2			
② 生年月日	5. 昭和（○）7. 平成 9. 令和　38年 06月 06日	③ 氏名	（フリガナ）スズキ　鈴木	イチロウ　一郎
④ 郵便番号	1750094	⑤ 電話番号	1. 自宅（○） 3. 勤務先 2. 携帯電話 4. その他	03－5678－90××
⑥ 住所	東京都板橋区成増6-7-8			

申請内容について記入してください。

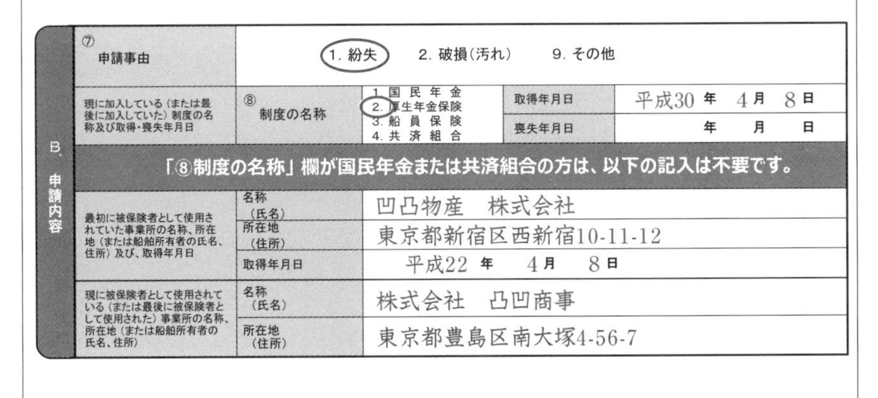

B. 申請内容				
⑦ 申請事由	1. 紛失（○）　2. 破損（汚れ）　9. その他			
現に加入している（または最後に加入していた）制度の名称及び取得・喪失年月日	⑧ 制度の名称	1. 国民年金 2. 厚生年金保険（○） 3. 船員保険 4. 共済組合	取得年月日	平成30年 4月 8日
			喪失年月日	年　月　日

「⑧制度の名称」欄が国民年金または共済組合の方は、以下の記入は不要です。

最初に被保険者として使用されていた事業所の名称、所在地（または船舶所有者の氏名、住所）及び、取得年月日	名称（氏名）	凹凸物産　株式会社
	所在地（住所）	東京都新宿区西新宿10-11-12
	取得年月日	平成22年　4月　8日
現に被保険者として使用されている（または最後に被保険者として使用された）事業所の名称、所在地（または船舶所有者の氏名、住所）	名称（氏名）	株式会社　凸凹商事
	所在地（住所）	東京都豊島区南大塚4-56-7

添付書類：き損の場合は、年金手帳を添付する。

●添付書類

被保険者が事業主を経由せずに提出する場合で、かつ個人番号（マイナンバー）を記載し提出する場合

マイナンバーカード（または下記の①および②）

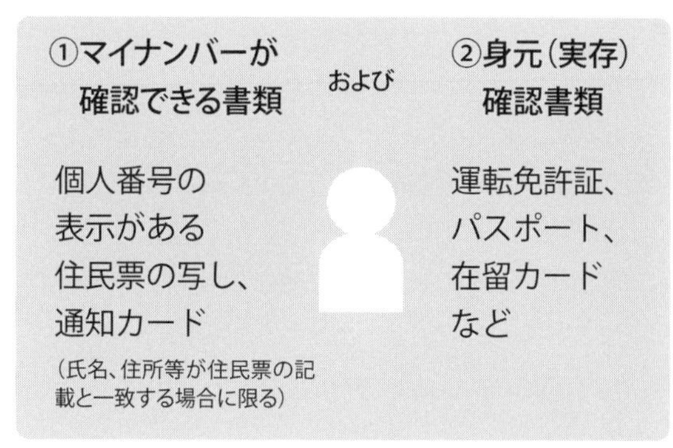

※郵送で届書を提出する場合は、マイナンバーカード表裏両面または①および②のコピーを添付する。

※上記以外の②身元（実存）確認書類については、最寄りの年金事務所へ問い合わせること。

ご注意

・共済組合のみ加入の人は、「基礎年金番号通知書（共済組合用）」の再交付を請求することとなる。この場合は、最寄りの年金事務所に相談すること。

・基礎年金番号通知書の再交付が行われる際は、原則として、日本年金機構で管理している住所あてに送付される。ただし、海外居住者等の場合は、事業所あてに送付される。

・申請者（基礎年金番号通知書再交付申請書に氏名を記入した人）が本人であることが確認できる身分証明書等を年金事務所の窓口に持参された場合に限り、窓口での交付が可能。

04 一度は年金事務所に行くべき

もらえる年金額を知りたかったら、最寄りの年金事務所に行きましょう。本人以外の者が相談する場合は、委任状等が必要です。

もらえる年金額を正確に把握しておこう

年金額を知りたい場合は、年金事務所の相談窓口もしくは街角の年金相談サービスセンターの年金相談を利用することになります。また、現在は「**ねんきんネット**」（106ページ参照）というインターネットを利用した確認方法もあります。

単に、もらえる年金額を知りたいだけなら、「ねんきんネット」のサービスを利用すればいいでしょうが、ほかにも年金に関する事柄について相談したいことがある人は、一度は年金事務所に行くことをおすすめします。とくに、60歳以降も（65歳以降も）働き続けたい人などは、今後の年金のもらい方や働き方のアドバイスをしてくれます。年金事務所での相談は無料です。遠慮せずに、相談員に聞いてみましょう。

相談は最寄りの年金事務所でできる

最近は、行政サービスとして、年金相談が市役所等で開催されたり、銀行等の金融機関が年金相談を行ったりしています。

ただし、こういったところの年金相談は、極一般的な相談しかできないと思ったほうがいいです。例えば、「自分のもらえる正確な年金額を教えてほしい」と質問してみても、加入記録や標準報酬などの情報がわからないため、答えてくれません。「詳しいことは年金事務所に行って聞いてみてください」といわれます。

やはり、正確な情報を知りたかったら、面倒くさがらずに、住所地の最寄りの年金事務所に足を運びましょう。

■年金相談の際、相談窓口に持って行くもの

●本人が来所する場合

・本人確認書類
・基礎年金番号がわかる書類
(基礎年金番号通知書、
年金手帳、年金証書
または年金額改定通知書など)

●代理人(家族を含む)が来所する場合

・代理人の本人確認書類
・代理人であることが
わかる書類(委任状など)

(22〜23ページ参照)

本人確認ができる主な書類

1つの提示で足りるもの	2つ以上の提示が必要となるもの*
・個人番号カード ・運転免許証 (運転経歴証明書) ・住民基本台帳カード(写真付きのもの) ・旅券(パスポート) ・身体障害者手帳 ・精神障害者保健福祉手帳 ・療育手帳 ・特別永住者証明書 ・在留カード ・国または地方公共団体の機関が発行した資格証明書(写真付きのもの) 　宅地建物取引士証、電気工事士免状、教習資格認定証、検定合格証(警備員に関する検定の合格証) など	・被保険者証 (国民健康保険、健康保険、船員保険、後期高齢者医療、介護保険、共済組合) ・児童扶養手当証書、特別児童手当証書 ・公的年金(企業年金、基金を除く)の年金証書または恩給証書 ・基礎年金番号通知書、年金手帳 ・年金額改定通知書(機構が交付した通知書) ・住民基本台帳カード(写真付きでないもの) ・金融機関またはゆうちょ銀行の預(貯)金通帳、キャッシュカード、クレジットカード※ ※マイナンバー(個人番号)による年金相談の際の身元確認には使用できない。 ・印鑑登録証明書 ・学生証(写真付きのもの) ・国、地方公共団体または法人が発行した資格証明書(写真付きのもの) ・国または地方公共団体が発行した資格証明書(写真付きのもので「1つの提示で足りるもの」を除く) など

＊異なる組合せが必要。例えば、被保険者証と基礎年金番号通知書。

■委任状

委 任 状

日本年金機構　あて

※各項目は委任者(ご本人)がご記入ください。
※網掛け部分をご記入ください。

※委任日は委任状をご記入いただいた日です。

委任日	令和　5 年12 月25 日

【受任者(来所される方)】

フリガナ	スズキ　リョウコ	委任者(ご本人)との関係	妻
氏　名	鈴木 涼子		
住　所	〒175 －0094　電話(　03　)5678 －90XX 東京都板橋区成増 6-7-8		

私は、上記の者を受任者と定め、以下の内容を委任します。

【委任者(ご本人)】

基礎年金番号	1234-XXXXXX	基礎年金番号が不明である場合またはマイナンバーでのご相談の場合は、裏面の注意事項をご確認ください。	
フリガナ	スズキ　イチロウ	生年月日	明治・大正・(昭和)・平成・令和　38 年 6 月 6 日
氏　名	鈴木一郎 (旧姓　　　　　)	性別	(男)・女
住　所	〒175 －0094　電話(　03　)5678 －90XX 東京都板橋区成増 6-7-8 上記に記入した住所が住民票住所と異なる場合は、こちらに住民票の住所をご記入ください。		
委任する内容 (必ずご記入ください)	委任する内容を次の項目から選ぶか、具体的にご記入ください。 (1.)年金の加入期間について (2.)年金の見込額について 3. 年金の請求について 4. 各種再交付手続きについて(裏面の《来所時等の注意事項》をご確認ください) 5. 死亡に関する手続きについて(注) 6. 国民年金の加入手続きについて 7. 国民年金保険料の納付、免除、学生納付特例制度等について 8. その他(委任する内容を具体的にご記入ください) (　　　　　　　　　　) ○ 年金の「加入期間」や「見込額」などの交付方法について次のいずれかを選んでください。 (A.)受任者に交付を希望する　　B. 本人あて郵送を希望する		

(注)「 5. 」の場合、以下に亡くなられた方についてご記入ください。

基礎年金番号		委任者(ご本人)との続柄	
氏　名		生年月日	明・大・昭・平・令　　年　　月　　日

※裏面の注意事項をお読みいただき、記入漏れのないようにお願いします。
なお、委任状の記入内容に不備があったり、本人確認ができない場合にはご相談に応じられないことがあります。

この委任状は、日本年金機構のＨＰからダウンロードできる。

■本人以外（代理人）が年金相談する場合

以下のいずれかの書類を用意する必要がある。

・委任状
・登記事項証明書または裁判所の審判書の写しと確定証明書（成年後見人、保佐人または補助人の場合）
　保佐人および補助人については、財産管理に関する代理権が付与されていることが必要。
・戸籍謄本（親権者または未成年後見人の場合）
・登記事項証明書または裁判所の審判書の写し（不在者財産管理人の場合）

委任状の代わりとして、次のような書類を用意する。

家族（2親等以内の親族または同居の親族）が相談する場合

①、②いずれかの書類。

①本人の身体障害者手帳、要介護認定の通知書、精神障害者保健福祉手帳または療育手帳など
②施設、療養機関に入所されているときは施設長の証明（写し可）

05 妻の年金記録には要注意!!

会社員の妻は、国民年金の第３号被保険者に該当しているはずですが、ここに思わぬ落とし穴があったりします。

「第３号被保険者関係届」の提出がされているか？

少し専門的な話になりますが、国民年金の第２号被保険者である会社員の妻（扶養されている20歳以上60歳未満の配偶者）は国民年金の**第３号被保険者**に該当します（94ページ参照）。

第３号被保険者は、国民年金の保険料を納付しなくてもいいことになっているわけですけれども、そのためには**「国民年金 第３号被保険者関係届**」の提出をする必要があります。

男性と比較すると女性の場合は、就職、結婚、退職そして再就職と、目まぐるしく変わったりします。夫の勤務先で「国民年金 第３号被保険者関係届」の提出をしたかどうか、よく覚えていない人もいるのでは？

届け出を忘れていると、国民年金に未加入かつ未納扱いになり、将来の年金受給に影響する可能性があります。

第３号でなくなったときも届け出が必要

国民年金第３号被保険者関係届は、夫が会社を退職した場合にも提出が必要になります。

第３号被保険者の資格を取得（喪失）した場合は、国民年金第３号被保険者関係届を14日以内に提出することが義務付けられています。夫が会社を辞めると、妻は会社員の妻ではなくなるため、第３号被保険者から第１号被保険者へ種別変更となり、国民年金の保険料を支払うことになるわけです。60歳になるまできちんと保険料を納めて、将来の年金の満額支給につなげましょう。

■女性の年金加入には思わぬ落とし穴がある

【事例1】

会社員の妻（第３号被保険者）が就職し、第２号被保険者となった。その後退職し、本来ならば第２号被保険者から第３号被保険者になる届出をしなければならないのだが、届け出をしなかった。

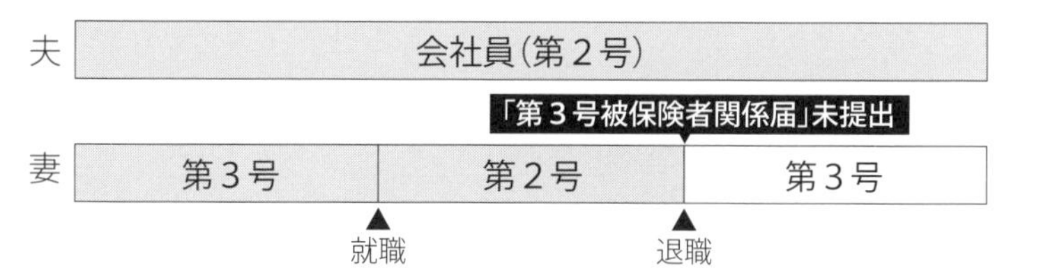

【事例2】

会社員の夫が会社を辞めたが、短期間のうちに再就職し、再び第２号被保険者になった。本来、妻の年金加入は「３号→１号→３号」となるのであるが、ずっと専業主婦のままで、第３号被保険者だと思っていた。

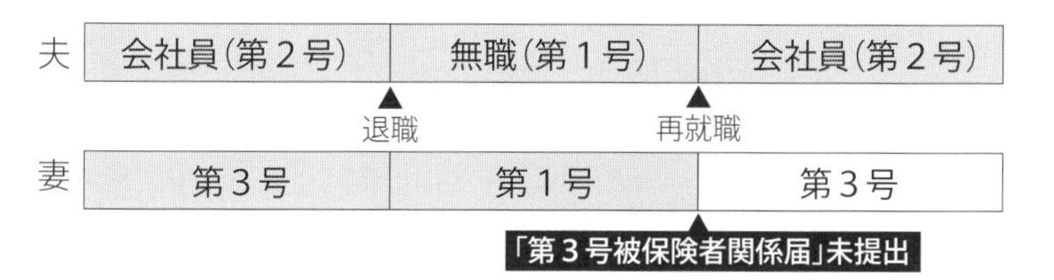

夫60歳

会社を辞めて
第２号被保険者で
なくなると…

妻55歳

妻は60歳まで
国民年金の
第１号被
保険者になる

夫が退職して再就職しないと、
妻の保険料支払いが発生する

第３号被保険者 から
第１号被保険者 へ

06 70歳まで働く時代になる!?

数年後には、65歳定年どころか、70歳定年の会社が増えるかもしれません。70歳までの就業をまじめに考えてみましょう。

70歳までの就業機会の確保は会社の努力義務

一時代前に比べたら、今どきの60歳は若いという印象を受けます。会社の定年を迎えても、健康的に不安がなければまだまだバリバリ働ける年齢です。

ご存じの方もいると思いますが、現在、高年齢者等の雇用の安定等に関する法律（以下、高年齢者雇用安定法）の改正（令和３年４月１日施行）に基づき、事業主には

① 70歳までの 定年の引上げ
②定年制 の廃止
③ 70歳までの継続雇用制度（再雇用制度・勤務延長制度）の導入
（特殊関係事業主に加えて、他の事業主によるものを含む）
④ 70歳まで継続的に業務委託契約を締結する制度の導入
⑤ 70歳まで継続的に以下の事業に従事できる制度の導入
a. 事業主が自ら実施する社会貢献事業
b. 事業主が委託、出資（資金提供）等する団体が行う社会貢献事業

のいずれかの措置を制度化するよう努めることとされています。

努力義務なので、直ちに70歳定年が導入されたり、定年制が廃止されることはないと思われます。一方で、少子高齢化の進展と人口減少を考えた場合、70歳まで働く人が徐々に増えていくものと予想されます。

就業形態はさまざまですが、できれば社会保険（健康保険・厚生年金保険）に加入する形で働き続けて、退職後の年金を増やしましょう。

■高年齢者雇用確保措置の実施状況

【全体の状況】
高年齢者雇用確保措置の実施企業の割合は
99.9%、21人以上規模の企業で99.9%となっている

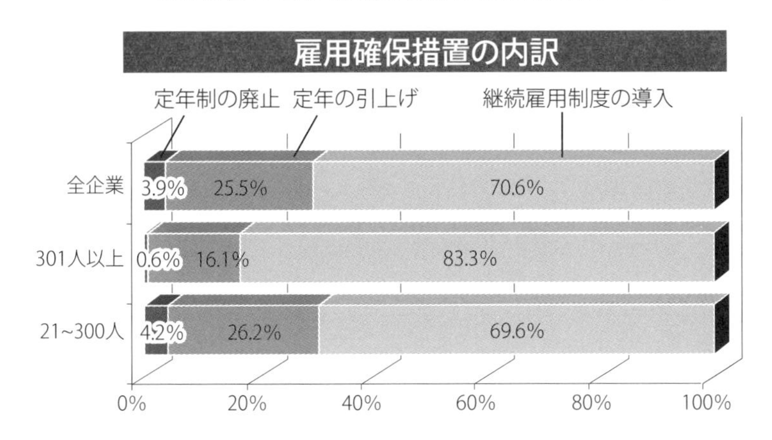

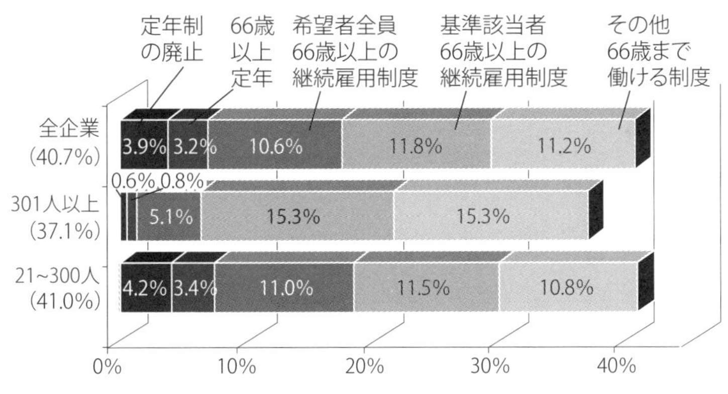

(厚生労働省・令和４年「高年齢者雇用状況 等報告」集計結果より)

■社会保険に加入して働くメリット

①年金支給開始年齢まで安定した収入が確保できる
②健康保険の被保険者になれる
③将来もらう年金を増やせる

【コラム】
在職定時改定について

●在職中でも毎年１回、年金額が改定される

ご存じの人もいるかと思いますが、2022（令和４）年４月から在職定時改定が導入されています。従来は、老齢厚生年金の受給権者が厚生年金の被保険者として働いている場合、65歳以降の被保険者期間については、退職時か、70歳到達時でなければ年金額が改定されませんでした。

これが在職定時改定の導入によって、退職しなくても（70歳にならなくても）、毎年10月分から改定されるようになりました。要するに、在職中でも、65歳以降の保険料が反映された年金額を受け取れるというわけです。

在職定時改定の対象者は、65歳以上70歳未満の老齢厚生年金の受給者。65歳未満の人は、繰上げて老齢厚生年金を受給していても対象にはなりませんので、ご注意を。

70歳までの就業を考えている人にとって、毎年10月分から年金が増えるのですから、在職定時改定は歓迎すべき制度改正と言えます。70歳まで働いて収入を確保しつつ、老齢基礎年金を繰下げて70歳から受給するなど、リタイア後の年金を増やす方法を考えてみましょう。

在職中であっても、毎年10月に前年９月から当年８月までの被保険者期間が年金額に反映される。

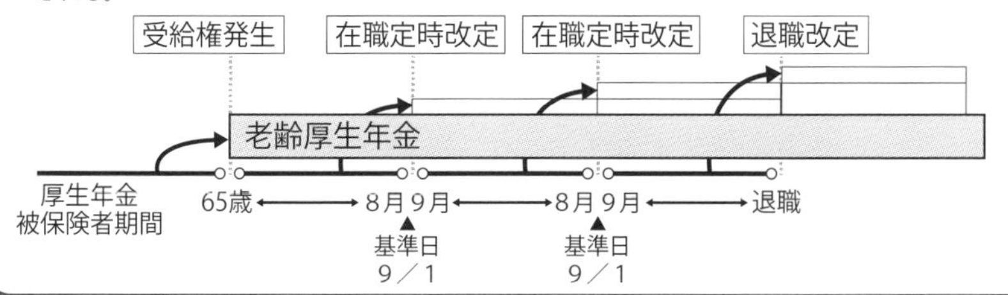

2章

雇用保険編

01 いろいろある雇用保険の給付

雇用保険制度は、労働者が失業した場合などに必要な給付を行って、労働者の生活及び雇用の安定を図るものです。

以前は失業保険と呼ばれていた雇用保険

会社を辞めた後は、たいていの人は無収入になるわけで、雇用保険のお世話になることでしょう。

よく「失業保険をもらう」といわれますが、もともと雇用保険の前身が失業保険だったこともあり、いまだに雇用保険＝失業保険のイメージを持ってしまうのも無理からぬ話です。ちなみに、失業保険法は1974（昭和49）年に廃止され、代わって雇用保険制度が創設され、何度か改正され今日に至っています。

余談になりますけれども、公共職業安定所の愛称である**ハローワーク**は公募で決まったものであり、1990（平成2）年から使われています。いまでは、職安よりもハローワークの呼称のほうが定着している感があります。

失業以外も充実している保険給付制度

名称が変わったとはいえ、雇用保険のメインの保険給付が失業したときに支給される保険給付（**失業等給付**といいます）であることに変わりありません。

雇用保険は、定年退職も含んで“もし失業したときにもらうもの”という認識でいいのですが、現在は法的な整備が進んで、失業以外にも実にさまざまな給付制度がラインアップされています。

詳しい内容については後述しますが、とくに知っておいてほしいのが、**高年齢雇用継続給付**（こうねんれいこようけいぞくきゅうふ）（高年齢雇用継続基本給付金及び高年齢再就職給付金）です。65歳まで継続して働きたいと考えている人には、必須の知識です（74ページ参照）。

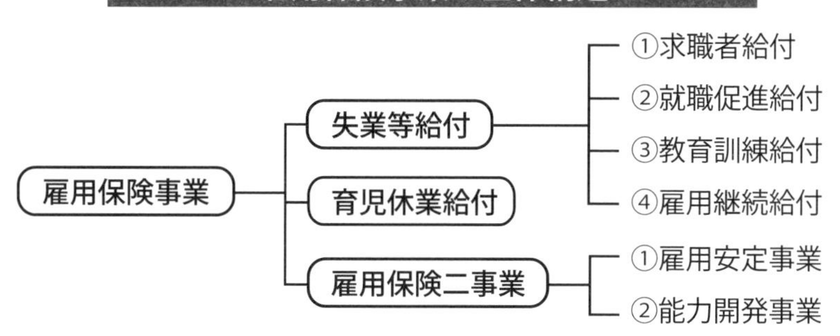

■教育訓練給付制度（一般教育訓練）

教育訓練給付制度（一般教育訓練）とは、一定の条件を満たした人が厚生労働大臣の指定する講座を受講し修了した場合に、支払った学費のうち20％（最大10万円）が支給される制度である（4,000円を超えない場合は支給されない）。

中小企業診断士、ファイナンシャルプランニング技能検定、キャリアコンサルタント、TOEIC®、簿記検定試験など、会社員に人気のある講座も厚生労働大臣の指定を受けている。

●支給要件期間

基準日（受講開始日）までの間に同一の事業主の適用事業に引き続いて被保険者として雇用された期間が下表の期間以上なければならない。

初めて受給を受ける場合	1年以上
過去に支給を受けている場合	3年以上

つまり、初めての人は、雇用保険に1年以上加入していれば利用できる。2回目以降は前回の支給から3年以上あれば利用できる。

資格専門学校や予備校、通信講座などで資格や免許を取得するために学びたい人は、ぜひ利用したい制度である。

■教育訓練給付金支給請求書

教育訓練給付金支給申請書

帳票種別 17501

1.個人番号

● 第2面の注意をよくお読みください。
● 支給申請期間は、受講修了日の翌日から1ヵ月以内です。

2.被保険者番号 1234-56789X-X

3.姓（漢字） 鈴木

4.名（漢字） 一郎

5.フリガナ（カタカナ） スズキイチロウ

6.生年月日 3-380606（2 大正 3 昭和 4 平成 5 令和）
元号 年 月 日

7.指定番号 98765□□-4321X□□-□

教育訓練施設の名称 SAIZUスクール

教育訓練講座名 PC講座

8.受講開始年月日（基準日） 5-050401
元号 年 月 日

9.受講修了年月日 5-050930
元号 年 月 日

10.教育訓練経費 100000 円

キャリアコンサルタントの名称

11.キャリアコンサルティングを受けた年月日
元号 年 月 日

12.キャリアコンサルティングの費用 円

13.郵便番号 175-0094

教育訓練講座の受講をあっせんした販売代理店等及び販売員の名称
（販売代理店等） （販売員）

14.住所（漢字）※市・区・郡及び町村名 板橋区成増

住所（漢字）※丁目・番地 6-7-8

住所（漢字）※アパート、マンション名等

（この用紙は、このまま機械で処理しますので、汚さないようにしてください。）

※公共職業安定所記載欄

15.決定年月日 □-□□□□□□
元号 年 月 日

16.未支給区分（空欄 未支給以外 1 未支給）

17.支払区分

18.金融機関・店舗コード 口座番号

特定一般区分（空欄 一般 1 特定）

雇用保険法施行規則第101条の2の11又は第101条の2の11の2の規定により、上記のとおり教育訓練給付金の支給を申請します。

令和 年 月 日 公共職業安定所長 殿

申請者 電話番号
氏名

払渡希望金融機関指定届

19. 払渡希望金融機関	フリガナ	トウキョウヨツビシギンコウ	金融機関コード	店舗コード
	名称	東京四菱銀行 成増 本店・支店	1234	56X
	銀行等（ゆうちょ銀行以外）	口座番号 （普通）1234567		
	ゆうちょ銀行	記号番号 （総合） －		

備考

※処理欄		
決定年月日	令和 年 月 日	
支給決定額	円	
不支給理由		
通知年月日	令和 年 月 日	

修了証明書 ／ 領収書 ／ 本人・住所 ／ 運・健・受・出・住・印 ／ 被保険者証 ／ 本・代・郵

※ 所長 ／ 次長 ／ 課長 ／ 係長 ／ 係 ／ 操作者

2022.3

教育訓練修了証明書や領収書、雇用保険被保険者証、本人・住居確認書類などの必要書類と一緒にハローワークに提出する（原則として、本人が提出）。

■失業等給付の全体構造

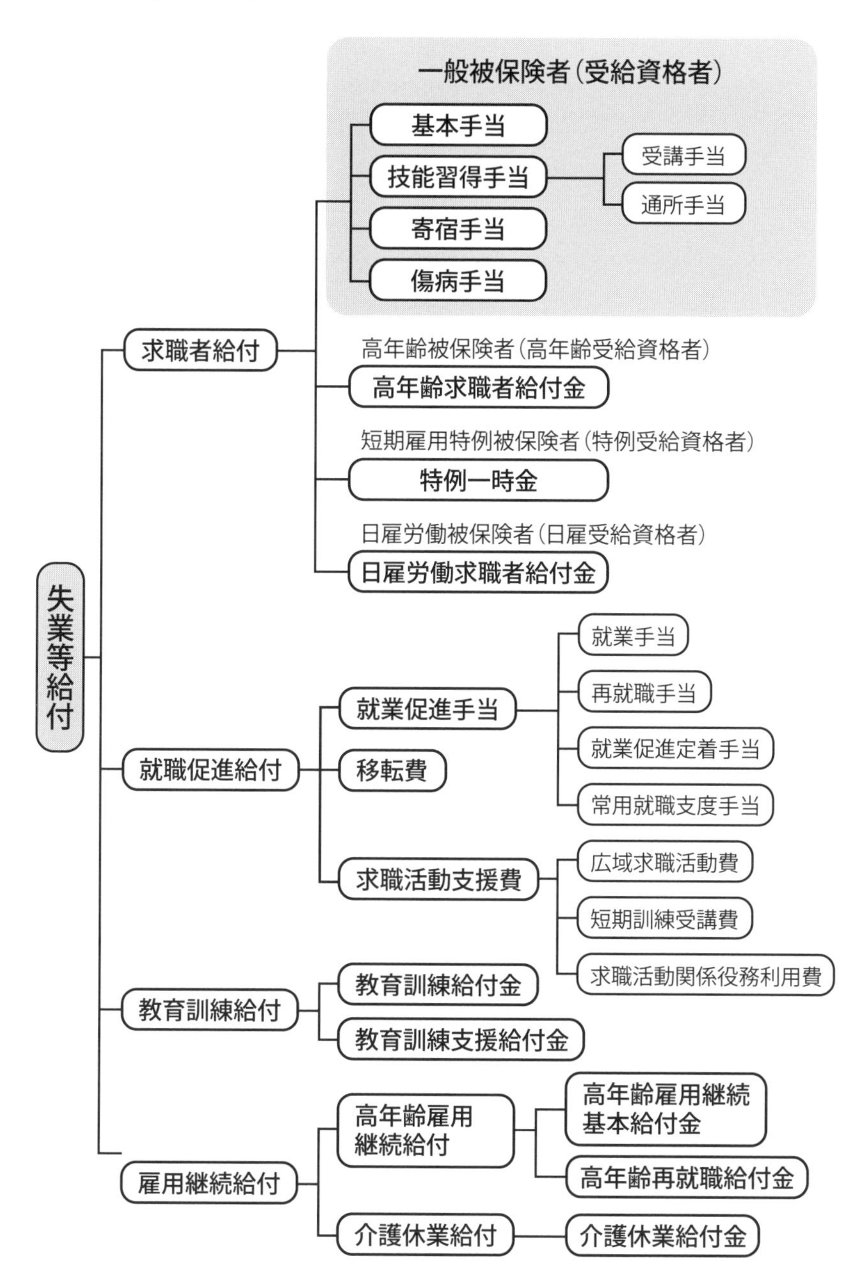

失業等給付
求職者給付
一般被保険者（受給資格者）
基本手当
技能習得手当
受講手当
通所手当
寄宿手当
傷病手当
高年齢被保険者（高年齢受給資格者）
高年齢求職者給付金
短期雇用特例被保険者（特例受給資格者）
特例一時金
日雇労働被保険者（日雇受給資格者）
日雇労働求職者給付金
就職促進給付
就業促進手当
就業手当
再就職手当
就業促進定着手当
常用就職支度手当
移転費
求職活動支援費
広域求職活動費
短期訓練受講費
求職活動関係役務利用費
教育訓練給付
教育訓練給付金
教育訓練支援給付金
雇用継続給付
高年齢雇用継続給付
高年齢雇用継続基本給付金
高年齢再就職給付金
介護休業給付
介護休業給付金

第2章 雇用保険編

■失業すると、どんな給付をもらえる？

いわゆる“ふつうの会社員”が失業すると…

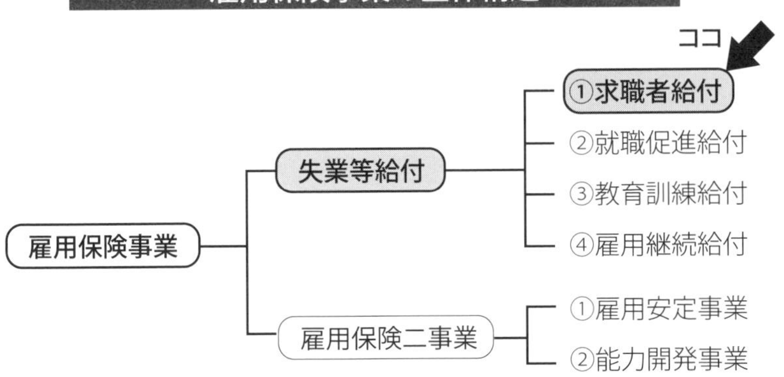

雇用保険事業の失業等給付の①**求職者給付**をもらう。

さらに詳しく見ると…

失業等給付の全体構造

- 失業等給付
  - ①求職者給付
    - 基本手当 ← ココ
    - 技能習得手当
    - 寄宿手当
    - 傷病手当
  - ②就職促進給付
  - ③教育訓練給付
  - ④雇用継続給付

求職者給付の一般被保険者（受給資格者）に支給される「**基本手当**」をもらうことになる。一般的に、会社を辞めると「失業保険をもらう」といわれるが、それは「基本手当をもらう」というのが、本当は正しい。

■雇用保険被保険者資格取得届出確認照会票

■ 雇用保険被保険者資格取得届出確認照会票

（この用紙は、このまま機械で処理しますので、汚さないようにしてください。）

帳票種別 11181

第２面の注意をよくお読みください。

1.被保険者番号 □□□□-□□□□□□-□

2.氏名（漢字）

フリガナ（カタカナ）

3.生年月日 元号 - 年 月 日（2 大正　3 昭和　4 平成　5 令和）

4.郵便番号 □□□-□□□□

5.被保険者の住所（漢字）市・区・郡及び町村名

被保険者の住所（漢字）丁目・番地

被保険者の住所（漢字）アパート、マンション名等

6. 資格取得年月日 元号 - 年 月 日（3 昭和　4 平成　5 令和）

7.事業所番号 □□□□-□□□□□□-□

事業所の名称

事業所の所在地

※公共職業安定所記載欄

8.強制出力

上記のとおり雇用保険の被保険者資格の取得手続きの有無について照会します。

照会者　電話番号 ＿＿＿＿

氏　名 ＿＿＿＿

令和　年　月　日　公共職業安定所長　殿

備考	※処理欄	照会処理日	令和　年　月　日
		有無（理由）	
		通知年月日	令和　年　月　日
		本人・住所 ／ 運・健・受・出・住・印・被	本・代・郵

※所長	次長	課長	係長	係	操作者

2021. 9

雇用保険の給付は、被保険者であることが大前提。「雇用保険被保険者資格取得届出確認照会票」をハローワークに提出することで、勤め先が被保険者資格の取得手続きをしているか否かを確認できる。

02 雇用保険の被保険者の種類

雇用保険の被保険者は大きく４種類に分けられ、通常の会社員であれば一般被保険者に該当します。

「株式会社○○」は雇用保険の適用事業所

雇用保険法において**被保険者**とは、適用事業に雇用される労働者であって、適用除外の規定に該当する者以外のものをいう（雇用保険法４条１項）と定義されます。

原則として、労働者を雇用する事業は、業種を問わず適用事業とされています。要するに、「株式会社○○」「○○株式会社」に勤める会社員は、雇用保険の被保険者になるわけで、入社したときに雇用保険の被保険者証をもらっているはずです。

雇用保険の**被保険者証**は、年金の請求をする際にも必要になる大切なものですので、**年金手帳（基礎年金番号通知書）**と一緒に保管しておくようにしましょう。

ふつうの会社員は一般被保険者

被保険者は、就労の実態に応じて一般被保険者、高年齢被保険者、短期雇用特例被保険者及び日雇労働被保険者の４種類に分類されます。フルタイムで働いている会社員であれば、通常は**一般被保険者**に該当することになります。

被保険者の種類によって、失業した場合にもらえる失業等給付のうちの求職者給付の内容が異なっており、一般被保険者は基本手当、高年齢被保険者は高年齢求職者給付金、短期雇用特例被保険者は特例一時金、日雇労働被保険者は日雇労働求職者給付金となっています。一般被保険者以外の被保険者に支給される給付金は、一時金です。

■あなたの会社は雇用保険の適用事業所

（適用事業）

雇用保険法　第５条１項

この法律においては、労働者が雇用される事業を適用事業とする。

※原則として、労働者が１人でも雇用される事業は、雇用保険の強制適用事業とされる。

■被保険者の種類

①一般被保険者

②高年齢被保険者

③短期雇用特例被保険者

④日雇労働被保険者

雇用保険の被保険者は４種類ある。

通常、会社員であれば①の一般被保険者に該当する。②高年齢被保険者とは、65歳以上の被保険者。③短期雇用特例被保険者は、季節的に雇用される人。④日雇労働被保険者は日雇労働者の人。

会社員は雇用保険の一般被保険者である

■失業したときに支給される給付金

① **一般被保険者**	→	**基本手当**
② 高年齢被保険者	→	高年齢求職者給付金
③ 短期雇用特例被保険者	→	特例一時金
④ 日雇労働被保険者	→	日雇労働求職者給付金

被保険者の種類によって、失業した場合に、もらえる給付金が異なる。
ふつうの会社員（一般被保険者）が失業したら、基本手当をもらう。65歳以上の会社員（高年齢被保険者）が失業したときは、高年齢求職者給付金をもらうことになる。

（高年齢被保険者）
雇用保険法　第37条の2
六十五歳以上の被保険者（第三十八条第一項に規定する短期雇用特例被保険者及び第四十三条第一項に規定する日雇労働被保険者を除く。以下「高年齢被保険者」という。）が失業した場合には、この節の定めるところにより、高年齢求職者給付金を支給する。

被保険者の種類によって給付金の種類が変わる

■もっと知りたい高年齢被保険者

65歳以上で適用事業所（つまり会社）に雇用されている人は、高年齢被保険者となる。

①同一の適用事業所に65歳に達した日の前日から引き続いて65歳に達した日以後において雇用されている人

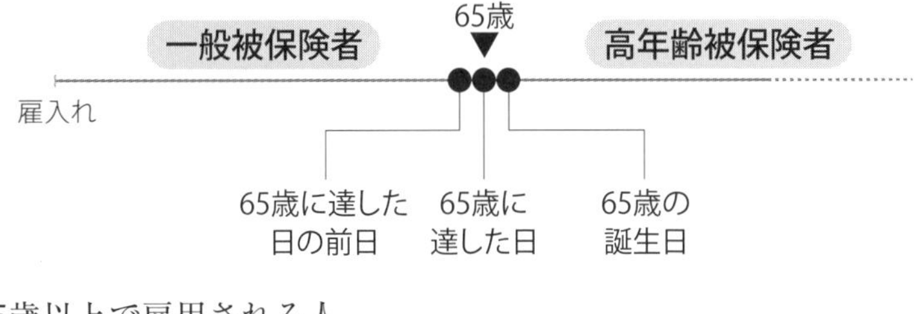

②65歳以上で雇用される人

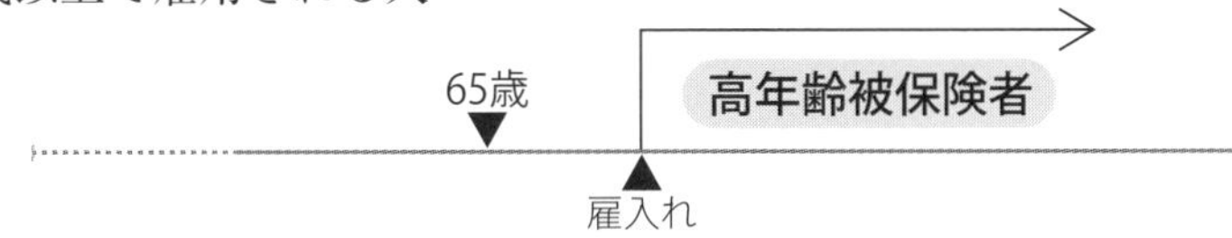

※①と②どちらの場合も高年齢被保険者となる。失業したときには、高年齢求職者給付金という一時金が支給される。

マルチジョブホルダー制度の新設

2022（令和４）年１月１日からマルチジョブホルダー制度が新設された。ダブルワーク等で複数の事業所で勤務する65歳以上の労働者が以下①～③の適用対象者の要件を満たしており、本人からハローワークに申出を行うことで、雇用保険の被保険者（マルチ高年齢被保険者）となることができる制度である。

＜適用対象者＞

①複数の事業所に雇用される65歳以上の労働者であること

②２つの事業所（１つの事業所における１週間の所定労働時間が５時間以上20時間未満）の労働時間を合計して１週間の所定労働時間が20時間以上であること

③２つの事業所のそれぞれの雇用見込みが31日以上であること

03 失業等給付を受けるための手続き

定年後、働く意思と能力があるにもかかわらず、いまだ再就職先が決まっていない人は、最寄りのハローワークへ急ぎましょう。

会社員が失業した場合は基本手当をもらう

前述したように、雇用保険は、失業中の生活の安定を図るとともに、求職活動を容易にすることを目的とした保険制度です。

ですので、失業となった場合は、失業等給付のうちの求職者給付、普通の会社員であれば「**基本手当**」をもらうことになります。一般に、失業したら雇用保険をもらうといった場合は、この基本手当のことを指しています。

ハローワークへ行き求職の申込みをする

雇用保険も公の保険制度ですから、黙っていては何も支給されません。雇用保険（基本手当）をもらうには、手続きが必要です。申請のやり方は割と簡単です。転職の経験があり、かつて基本手当を受給したことがある人は、当時のことを思い出してください。定年退職後の手続きも、大きな違いはありません。

まず、定年退職したら、**離職票**（りしょくひょう）を会社からもらいます。離職票には、いまの会社での勤務状況や賃金の状況、離職理由などについて、会社が書き込んだ書面です。勤続何年か、給与をいくらもらっていたか、会社を辞めることになった理由について事実と相違ないか確認しましょう。

自己都合退職と会社都合退職では基本手当のもらい方が変わってくるためトラブルになりがちです（定年退職の場合は自己都合退職）。

退職後は、離職票を住所地を管轄する公共職業安定所へ提出し、求職の申込みをして、受給資格の認定を受けるという手順になります。

■離職票を確認する

社員が退職すると、会社は退職日の翌日から10日以内に、ハローワークに雇用保険の資格喪失の手続きを行う。この手続きの後で、「雇用保険被保険者離職票 - 1」（離職票 - 1）と「雇用保険被保険者離職票 - 2」（離職票 - 2）が発行され会社から退職した本人に送られる。

離職票には、「離職票 - 1」「離職票 - 2」の2種類がある。

「離職票 - 1」の記載例

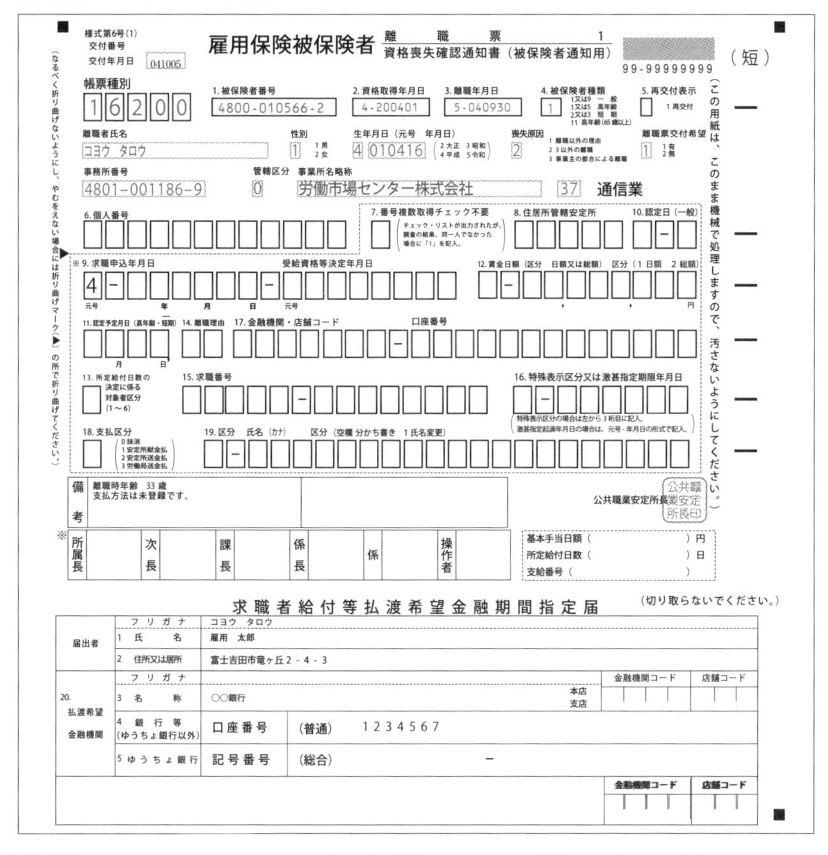

様式第6号(1)
交付番号
交付年月日 041005

雇用保険被保険者 離職票 1
資格喪失確認通知書（被保険者通知用）

99-99999999 （短）

帳票種別 16200

1. 被保険者番号 4800-010566-2
2. 資格取得年月日 4-200401
3. 離職年月日 5-040930
4. 被保険者種類 1（1又は9 一般 / 1又は5 高年齢 / 2又は3 短期 / 11 高年齢(65歳以上)）
5. 再交付表示（1 再交付）

離職者氏名 コヨウ タロウ
性別 1（1 男 2 女）
生年月日（元号 年月日） 4 010416（2 大正 3 昭和 4 平成 5 令和）
喪失原因 2（1 離職以外の理由 2 3以外の離職 3 事業主の都合による離職）
離職票交付希望 1（1 有 2 無）

事務所番号 4801-001186-9
管轄区分 0
事業所名略称 労働市場センター株式会社 37 通信業

6. 個人番号
7. 番号複数取得チェック不要（チェック・リストが出力されたが、調査の結果、同一人でなかった場合に「1」を記入。）
8. 住居所管轄安定所
10. 認定日（一般）

※9. 求職申込年月日 4 - 元号 年 月 日
受給資格等決定年月日 元号
12. 賃金日額（区分 日額又は総額） 区分（1 日額 2 総額） 円

11. 認定予定月日（高年齢・短期） 月 日
14. 離職理由
17. 金融機関・店舗コード
口座番号

13. 所定給付日数の決定に係る対象者区分（1～6）
15. 求職番号
16. 特殊表示区分又は激甚指定期限年月日（特殊表示区分の場合は左から3桁目に記入。激甚指定起源年月日の場合は、元号 - 年月日の形式で記入。）

18. 支払区分（0 抹消 1 安定所献金払 2 安定所送金払 3 労働局送金払）
19. 区分 氏名（カナ） 区分（空欄 分かち書き 1 氏名変更）

備考 離職時年齢 33 歳
支払方法は未登録です。

公共職業安定所長 公共職業安定所長印

※ 所属長 次長 課長 係長 係 操作者

基本手当日額（ ）円
所定給付日数（ ）日
支給番号（ ）

（なるべく折り曲げないようにし、やむをえない場合には折り曲げマーク（▶）の所で折り曲げてください。）

（この用紙は、このまま機械で処理しますので、汚さないようにしてください。）

求職者給付等払渡希望金融期間指定届 （切り取らないでください。）

届出者	フリガナ	コヨウ タロウ			
	1 氏名	雇用 太郎			
	2 住所又は居所	富士吉田市竜ヶ丘2 - 4 - 3			
20. 払渡希望金融機関	フリガナ			金融機関コード	店舗コード
	3 名称	○○銀行	本店 支店		
	4 銀行等（ゆうちょ銀行以外）	口座番号	（普通） 1234567		
	5 ゆうちょ銀行	記号番号	（総合） －		
				金融機関コード	店舗コード

「離職票 - 1」には、被保険者番号や離職年月日、離職者氏名などが印字されている。また、基本手当の振込先金融機関を指定する用紙でもあるので、通帳かキャッシュカードを持参して、事前に振込先の金融機関で、確認印をもらっておく。確認印がなくても、通帳をハローワークに持参することも認められている。

■離職票-2（左面）の記載例

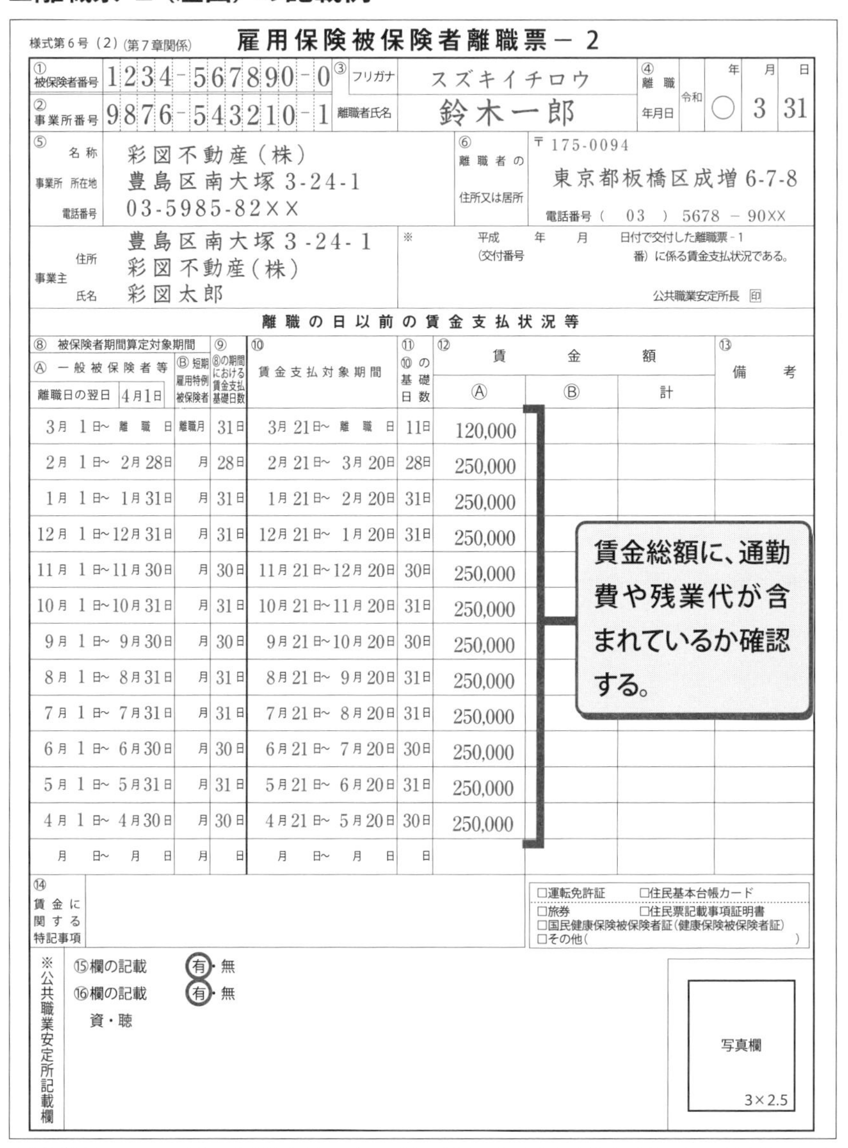

様式第6号（2）（第7章関係）　雇用保険被保険者離職票－2

①被保険者番号	1234-567890-0	③フリガナ	スズキイチロウ
②事業所番号	9876-543210-1	離職者氏名	鈴木一郎

④離職年月日　令和 ○ 年 3 月 31 日

⑤事業所　名称　彩図不動産（株）
所在地　豊島区南大塚3-24-1
電話番号　03-5985-82××

⑥離職者の住所又は居所　〒175-0094　東京都板橋区成増6-7-8
電話番号（03）5678－90××

事業主　住所　豊島区南大塚3-24-1
氏名　彩図不動産（株）　彩図太郎

※　平成　年　月　日付で交付した離職票－1（交付番号　番）に係る賃金支払状況である。
公共職業安定所長 印

離職の日以前の賃金支払状況等

⑧被保険者期間算定対象期間 Ⓐ一般被保険者等（離職日の翌日 4月1日）	Ⓑ短期雇用特例被保険者	⑨⑧の期間における賃金支払基礎日数	⑩賃金支払対象期間	⑪⑩の基礎日数	⑫賃金額 Ⓐ	Ⓑ	計	⑬備考
3月1日～離職日	離職月	31日	3月21日～離職日	11日	120,000			
2月1日～2月28日	月	28日	2月21日～3月20日	28日	250,000			
1月1日～1月31日	月	31日	1月21日～2月20日	31日	250,000			
12月1日～12月31日	月	31日	12月21日～1月20日	31日	250,000			
11月1日～11月30日	月	30日	11月21日～12月20日	30日	250,000			
10月1日～10月31日	月	31日	10月21日～11月20日	31日	250,000			
9月1日～9月30日	月	30日	9月21日～10月20日	30日	250,000			
8月1日～8月31日	月	31日	8月21日～9月20日	31日	250,000			
7月1日～7月31日	月	31日	7月21日～8月20日	31日	250,000			
6月1日～6月30日	月	30日	6月21日～7月20日	30日	250,000			
5月1日～5月31日	月	31日	5月21日～6月20日	31日	250,000			
4月1日～4月30日	月	30日	4月21日～5月20日	30日	250,000			
月　日～　月　日	月	日	月　日～　月　日	日				

⑭賃金に関する特記事項

□運転免許証　□住民基本台帳カード
□旅券　□住民票記載事項証明書
□国民健康保険被保険者証（健康保険被保険者証）
□その他（　）

※公共職業安定所記載欄
⑮欄の記載　有・無
⑯欄の記載　有・無
資・聴

写真欄 3×2.5

「離職票 - 2」には、退職直前6カ月間の給与支給額（賃金額）と、離職した理由が記載されている。いずれも会社がハローワークへ提出した金額と離職理由となっている。賃金額については、給与明細書と違いがないか確認すること。この金額は、税金や社会保険料などを差し引く前の金額であり、残業代や通勤費などが含まれていなければならない。

■離職票-2（右面）の記載例

⑦離職理由欄…離職者の方は、主たる離職理由が該当する理由を１つ選択し、左の離職者記入欄の□の中に○印を記入の上、下の具体的事情記載欄に具体的事情を記載してください。

【離職理由は所定給付日数・給付制限の有無に影響を与える場合があり、適正に記載してください。】

事業主記入欄	離職者記入欄	離　　職　　理　　由
		1　事業所の倒産等によるもの
□	□	…（1）倒産手続開始、手形取引停止による離職
□	□	…（2）事業所の廃止又は事業活動停止後事業再開の見込みがないため離職
		2　定年によるもの
◙	◙	…定年による離職（定年 60 歳）
		定年後の継続雇用 { を希望していた（以下のaからcまでのいずれかを1つ選択してください） / (を希望していなかった)
		a　就業規則に定める解雇事由又は退職事由（年齢に係るものを除く。以下同じ。）に該当したため（解雇事由又は退職事由と同一の事由として就業規則又は労使協定に定める「継続雇用しないことができる事由」に該当して離職した場合も含む。）
		b　平成25年3月31日以前に労使協定により定めた継続雇用制度の対象となる高年齢者に係る基準に該当しなかったため
		ⓒ　その他（具体的理由：　定年退職（本人が定年後の継続雇用を希望しなかった）　）
		3　労働契約期間満了等によるもの
□	□	…（1）採用又は定年後の再雇用時等にあらかじめ定められた雇用期限到来による離職
		（1回の契約期間　　箇月、通算契約期間　　箇月、契約更新回数　　回）
□	□	（当初の契約締結後に契約期間や更新回数の上限を短縮し、その上限到来による離職に該当　する・しない）
□	□	（当初の契約締結後に契約期間や更新回数の上限を設け、その上限到来による離職に該当　する・しない）
		（定年後の再雇用時にあらかじめ定められた雇用期限到来による離職で　ある・ない）
		（4年6箇月以上5年以下の通算契約期間の上限が定められ、この上限到来による離職で　ある・ない）
		→ある場合（同一事業所の有期雇用労働者に一様に4年6箇月以上5年以下の通算契約期間の上限が平成24年8月10日前から定められて　いた・いなかった）
□	□	…（2）労働契約期間満了による離職
		①　下記②以外の労働者
		（1回の契約期間　　箇月、通算契約期間　　箇月、契約更新回数　　回）
		（契約を更新又は延長することの確約・合意の　有・無（更新又は延長しない旨の明示の　有・無））
		（直前の契約更新時に雇止め通知の　有　・　無）
		（当初の契約締結後に不更新条項の追加が　ある・ない）
		労働者から契約の更新又は延長 { を希望する旨の申出があった / を希望しない旨の申出があった / の希望に関する申出はなかった
		【契約の更新又は延長の希望の　有　・　無】
		②　労働者派遣事業に雇用される派遣労働者のうち常時雇用される労働者以外の者
		（1回の契約期間　　箇月、通算契約期間　　箇月、契約更新回数　　回）
		（契約を更新又は延長することの確約・合意の　有・無（更新又は延長しない旨の明示の　有・無））
		労働者から契約の更新又は延長 { を希望する旨の申出があった / を希望しない旨の申出があった / の希望に関する申出はなかった
		a　労働者が適用基準に該当する派遣就業の指示を拒否したことによる場合
		b　事業主が適用基準に該当する派遣就業の指示を行わなかったことによる場合（指示した派遣就業が取りやめになったことによる場合を含む。）
		（aに該当する場合は、更に下記の5のうち、該当する主たる離職理由を更に1つ選択し、○印を記入してください。該当するものがない場合は下記の6に○印を記入した上、具体的な理由を記載してください。）
		【契約の更新又は延長の希望の　有　・　無】
□	□	…（3）早期退職優遇制度、選択定年制度等により離職
□	□	…（4）移籍出向
		4　事業主からの働きかけによるもの
□	□	…（1）解雇（重責解雇を除く。）
□	□	…（2）重責解雇（労働者の責めに帰すべき重大な理由による解雇）
		（3）希望退職の募集又は退職勧奨
□	□	……①　事業の縮小又は一部休廃止に伴う人員整理を行うためのもの
□	□	……②　その他（理由を具体的に　　）
		5　労働者の判断によるもの
		（1）職場における事情による離職
□	□	……①　労働条件に係る問題（賃金低下、賃金遅配、時間外労働、採用条件との相違等）があったと労働者が判断したため
□	□	……②　事業主又は他の労働者から就業環境が著しく害されるような言動（故意の排斥、嫌がらせ等）を受けたと労働者が判断したため
□	□	……③　妊娠、出産、育児休業、介護休業等に係る問題（休業等の申出拒否、妊娠、出産、休業等を理由とする不利益取扱い）があったと労働者が判断したため
□	□	……③　事業所での大規模な人員整理があったことを考慮した離職
□	□	……④　職種転換等に適応することが困難であったため（教育訓練の　有・無）
□	□	……⑤　事業所移転により通勤困難となった（なる）ため（旧（新）所在地：　　）
□	□	……⑥　その他（理由を具体的に
		（2）労働者の個人的な事情による離職（一身上の都合、転職…
□	□	……①　職務に耐えられない体調不良、けが等があったため
□	□	……②　妊娠、出産、育児等のため
□	□	……③　家庭の事情の急変（父母の扶養、親族の介護等）があ…
□	□	……④　配偶者等との別居生活が継続困難となったため
□	□	……⑤　転居等により通勤困難となったため（新住所：
□	□	……⑥　その他（理由を具体的に　転職希望による自己都合退職
□	□	…6　その他（1－5のいずれにも該当しない場合）（理由を具体的に　　）

※離職区分：1A　1B　2A　2B　2C　2D　(2E)　3A　3B　3C　3D　4D　5E　／　1A　1B　2A　2B　2C　2D　2E　3A　3B　3C　3D　4D　5E

離職理由に間違いがないか確認する。

具体的事情記載欄（事業主用）
就業規則第○条により、60歳定年による退職

具体的事情記載欄（離職者用）事業主が記載した内容に異議がない場合は「同上」と記載してください。
同　　上

⑯離職者本人の判断（○で囲むこと）
事業主が○を付けた離職理由に異議　　有り・(無し)

⑰　⑦欄の自ら記載した事項に間違いがないことを認めます。
記名押印又は自筆による署名（離職者氏名）　鈴木一郎

第2章　雇用保険編

04 基本手当①　受給資格

当たり前ですが、受給資格がない人には基本手当が支給されません。勤続年数が短い人は要注意です。

基本手当の受給資格

基本手当の支給を受けることができる資格を**受給資格**といい、受給資格がある人を**受給資格者**といいます。

では、受給資格とはどんな要件を満たせばいいのか？　まずは基本的なことを押さえておきましょう。

基本手当は、被保険者が失業した場合において、離職の日以前**2年間**（算定対象期間）に、被保険者期間が通算して**12カ月以上**であったときに支給すると、条文（雇用保険法13条）に書いてあります。

条文の中に出てくる算定対象期間と被保険者期間、その違いが素人にはわかりづらく「何それ？」というのが率直な感想ではないでしょうか。

転職していても直近2年間に12カ月あればよい

算定対象期間とは、受給資格の有無を判断するために、被保険者期間を算定する期間のことです。

要するに、算定対象期間（2年間）に、被保険者期間が12カ月以上あれば受給資格を満たしているという理解でいいでしょう。被保険者期間とは、雇用保険の保険料を納めた期間、毎月の給与から天引きされていた保険料が12カ月分以上あればよいわけです。

ということは、いまの会社に12カ月（1年間）勤めていれば、受給資格があるので、基本手当がもらえます。

それから、覚えておいてほしいのが“**通算して**”12カ月の部分。例えば、ここ2年間のうちにA社に6カ月、B社に6カ月勤めていた場合でも、６カ月＋６カ月＝12カ月になるので、受給資格を満たします。転職したらゼロにリセットされるわけではありません。

■基本手当の受給資格

●原則の受給資格

■離職票の交付まで

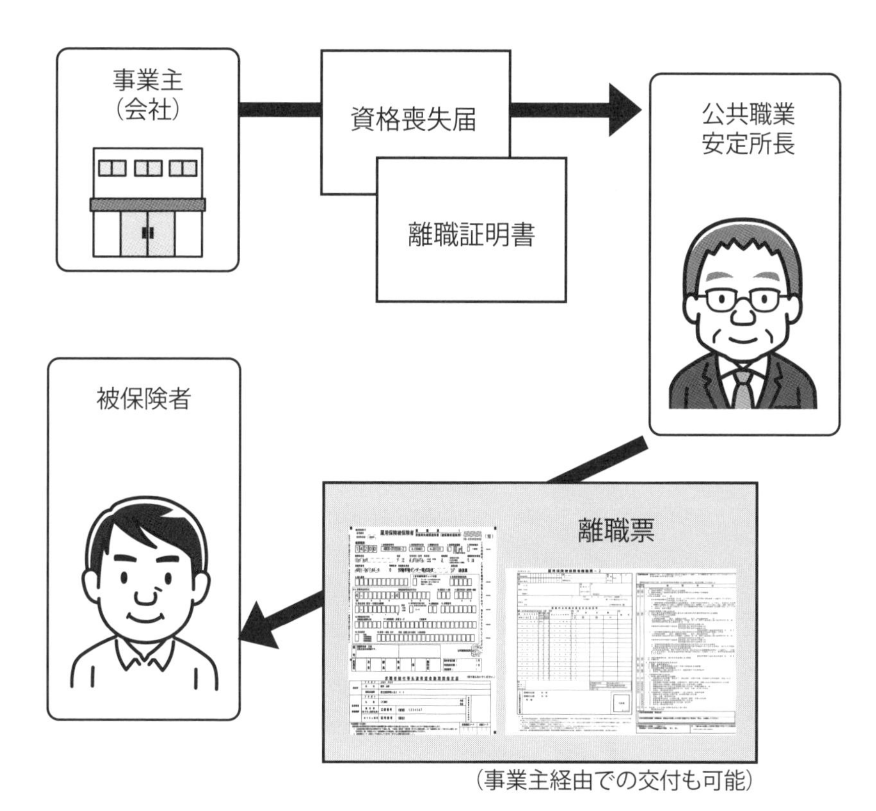

基本手当が支給されるまでの流れ

算定対象期間

離職の日以前２年間

被保険者期間が
通算して
12 カ月以上
ある

離職
（定年退職含む）

資格喪失
（雇用保険の
被保険者資格を失う）

〔資格喪失届、
離職証明書の提出、
離職票の交付〕

公共職業安定所
（ハローワーク）へ
出頭し、求職を申込む

〔離職票の提出〕

●持参するもの
離職票－1、２
個人番号確認書類（マイナンバーカード等）
身元確認書類（運転免許証等）
写真（最近の写真、正面上三分身、縦３cm×横2.4cm）２枚
本人名義の預金通帳
またはキャッシュカード

受給資格の決定

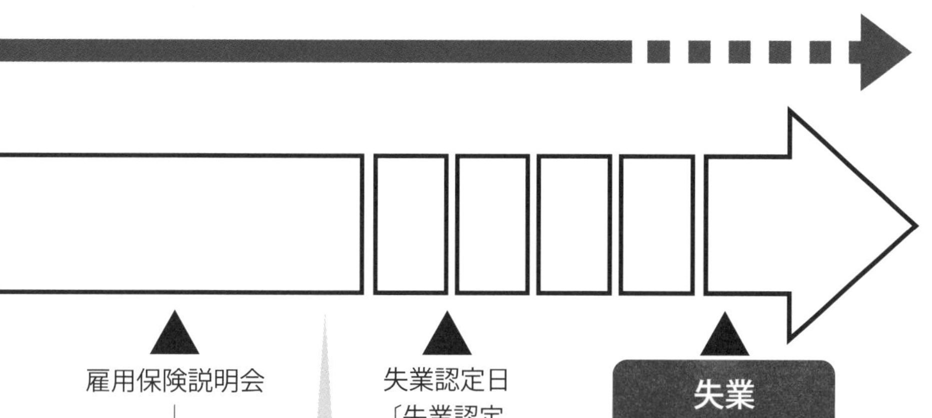

雇用保険説明会
｜
指定の日時に開催されるので、必ず出席する。第１回目の失業認定日が知らされる。
｜
〔受給資格者証の交付、失業認定日の指定〕

待期満了（7日間）※

失業認定日
〔失業認定申告書の提出、職業の紹介を求める〕

失業認定日

基本手当が支給される

失業の認定を受ける

受給資格者は、失業の認定を受けようとするときは、指定された失業の認定日に、ハローワークに出頭し、失業認定申告書に受給資格者証を添えて提出したうえ、職業の紹介を求めなければならない。失業しているかどうかは、受給資格者本人の申告に基づいて、ハローワークが認定する。

認定を受けるには、原則として４週間（28日）の間に、少なくとも２回以上の求職活動の実績が必要となる。

※給付制限期間

自己都合等で退職した人は、待期満了の翌日からさらに２カ月間基本手当は支給されない。

05 基本手当②
就職活動しないとダメ

基本手当をもらうには、失業しているだけでなく「働く意思」が求められます。仕事を探さなければなりません。

失業とはどんな状態をいうのか？

まず、条文を確認してみましょう。
「求職者給付の支給を受ける者は、必要に応じ職業能力の開発及び向上を図りつつ、誠実かつ熱心に求職活動を行うことにより、職業に就くように努めなければならない」(雇用保険法10条の2)。

第10条の2の規定は、求職者給付の支給を受ける者への**努力義務**となっています。基本手当も求職者給付のひとつですから(33ページ参照)、もちろん、この規定が適用されることになります。

説明が前後するようですが、そもそも「**失業**」とは、被保険者が離職し、労働の意思及び能力を有するにもかかわらず、職業に就くことができない状態にあることをいいます。

“労働の意思及び能力を有する”といっているように、働く意思、働ける能力があるにもかかわらず、仕事に就けない状態が失業なのです。働く意思がない、働くつもりがない人は失業しているとはいえません。

具体的な求職活動が求められる

働く意思は、具体的な求職活動の状況によって判定されます。退職をしたら、最寄りの公共職業安定所（ハローワーク）へ行き、離職票を提出し、求職の申込みをします。その後は、当然、求職活動をしなければなりません。企業に履歴書を送ったり、面接を受けたりしたなど、通常の就職活動をした実績があれば、求職活動をしたものと認定されます。要するに、この人は「働く意思」があると認めてくれるわけです。

■求職申込み手続きについて

公共職業安定所（以下、ハローワーク）を利用して求職活動を行うには、求職の申込みが必要になる。

求職申込み手続きについて

①最寄りのハローワークへ行く

②就職についての条件（希望する仕事や希望就業形態、希望収入など）を求職申込書に記入する

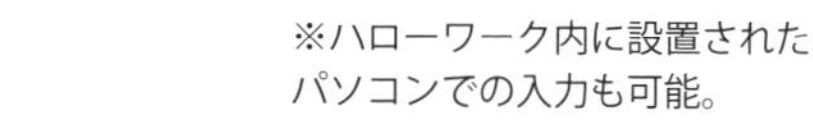
※ハローワーク内に設置されたパソコンでの入力も可能。

↓

③相談窓口で求職申込み手続き・職業相談をする

④求職者マイページの開設を希望する場合

- アカウントとして使用するメールアドレスを登録する
- 自宅のパソコン等から「ハローワークインターネットサービス」にアクセスして、パスワードを登録する

ハローワーク利用登録者となる

利用登録者には、ハローワーク受付票が渡されるので、ハローワークで、求人情報の提供や職業紹介を受ける際は、必ず提示すること。

■求職申込書の記入例

求職申込書 【表面】　　受付年月日　令和 5 年 ○月 ×日

①基本情報

フリガナ	スズキ　イチロウ	性別	☑男性 □女性 □記入しない	生年月日	大正 (昭和)38年 6月 6日 平成 （ 60 歳）	該当する場合はチェックしてください。	□障害あり（※1） □未就職卒業者（※2）
氏名	鈴木一郎						

住所	〒 175 − 0094 板橋区成増6-7-8		
最寄り駅	成増 （駅・バス停・その他（)）		
最寄り駅から自宅までの交通手段	(徒歩)・自転車・バイク・自動車・その他（ ）	所要時間	10 分
電話番号	− （呼出： 方）	携帯電話	090−1234−0000
FAX番号	□ 電話番号と同じ □ 異なる（FAX番号： − − ）		

②求職情報提供等

求職情報公開	☑求職情報を公開する 求人者からのリクエストがくる場合があります。）（※3） □求職情報を公開しない
求職情報提供	☑地方自治体・地方版ハローワーク、民間人材ビジネスともに可 □地方自治体・地方版ハローワークのみ可 □民間人材ビジネスのみ可 □地方自治体・地方版ハローワーク、民間人材ビジネスともに不可
ハローワークからの連絡可否	☑ 連絡可（(郵便)・電話・(携帯電話)・FAX） □ 連絡不可

③希望職種・時間等

就業形態	☑フルタイム □パート □季節労働	雇用期間	☑定めなし □定めあり（4ヶ月以上） □定めあり（4ヶ月未満） □日雇（日々雇用又は1ヶ月未満）	希望がある項目全てに☑してください。	☑正社員希望 □派遣可 □請負可	(公開)・非公開
希望する仕事1（※4）	職種	経理事務	内容	経理事務全般 経験（□経験なし ☑3年未満 □3年以上）		(公開)
希望する仕事2（※4）	職種	営業	内容	ルート営業 経験（□経験なし □3年未満 ☑3年以上）		

希望勤務時間	☑あり □なし	始業時間 9時 00分 〜 終業時間 17時 00分		(公開)・非公開
		1日の希望時間（パート希望の場合のみ記入） 時間程度	週の希望日数（パート希望の場合のみ記入） 日程度	
		夜勤 □こだわらない □可 ☑不可	交替制（シフト制） □こだわらない □可 ☑不可	

希望休日・週休二日制	休日希望 ☑あり □なし	□月 □火 □水 □木 □金 ☑土 ☑日 ☑祝日 ☑その他（夏季休暇、年末年始休暇 等）	(公開)・非公開
	週休二日制（フルタイム希望の場合のみ記入）	☑毎週 □その他 □不問	

④希望勤務地・賃金

希望勤務地	希望勤務地（※4）： 東京都内		(公開)
	交通手段：[☑徒歩 ☑電車 □車 □バイク □自転車 □バス] で [60] 分以内		
	マイカー通勤の希望：□あり ☑なし	在宅勤務の希望：□あり ☑なし	
UIJターン希望	□あり（UIJターン先都道府県の希望（3つまで）： ）☑なし		公開・(非公開)
転居	□可（単身・家族共） ☑不可 公開・非公開	海外勤務 □可 ☑不可	公開・(非公開)

…に選択してください。
…以降、一度も就職していない場合を指します。
…は、希望職種、希望勤務地、最終学歴、免許・資格等が求人者に公開されます。その他、求人者からり…とがあります。なお、「公開・非公開」マークがある項目は、公開の可否を選択することができます。
…用ください。　※5）直近のものから順番に記載してください。
…留資格、在留期間、資格外活動許可の有無を記載してください。また、在留資格「特定技能」の場合…してください。

(R041001)

希望する仕事や勤務地、収入などを記入する。

■失業認定申告書の記入例

様式第14号（第22条関係）（第1面）

失業認定申告書

（必ず第２面の注意書きをよく読んでから記入してください。）

※ 帳票種別 11203

1 失業の認定を受けようとする期間中に、就職、就労又は内職・手伝いをしましたか。

㋐ した　就職又は就労をした日は○印、内職又は手伝いをした日は×印を右のカレンダーに記入してください。
イ しない

7月

1	2	3	4	5	6	7
8	9	10	11	12	13	14
15	16	17	18	19	20	21
22	23	24	25	26	27	28
×29	×30	31				

8月

1	2	3	4	5	6	7
8	9	10	11	12	13	14
15	16	17	18	19	20	21
22	23	24	25	26	27	28
29	30	31				

2 内職又は手伝いをして収入を得た人は、収入のあった日、その額（何日分か）などを記入してください。

収入のあった日	収入額	何日分の収入か
7月 31日	10,000円	2日分
月　日	円	日分
月　日	円	日分

3 失業の認定を受けようとする期間中に、求職活動をしましたか。

ア 求職活動をした

(1)求職活動をどのような方法で行いましたか。

求職活動の方法	活動日	利用した機関の名称	求職活動の内容
㋐ 公共職業安定所又は地方運輸局による職業相談、職業紹介等 （イ）職業紹介事業者による職業相談、職業紹介等 （ウ）派遣元事業主による派遣就業相談等 （エ）公的機関等による職業相談、職業紹介等	8/10	ハローワーク池袋	職業紹介の結果、株式会社○○への紹介を受けて、8/20面接。採否結果待ち。(8/30日採否決定予定)

(2)(1)の求職活動以外で、事業所の求人に応募したことがある場合には、下欄に記載してください。

事業所名、部署	応募日	応募方法	職種	応募したきっかけ	応募の結果
株式会社凸凹不動産 営業部（電話番号 03-××××-○○○○）	8/5	履歴書送付	営業	(ア) 知人の紹介 (イ) 新聞広告 (ウ) 就職情報誌 ㋓ インターネット (オ) その他	8/15 不採用通知あり
（電話番号　）				(ア) 知人の紹介 (イ) 新聞広告 (ウ) 就職情報誌 (エ) インターネット (オ) その他	

イ 求職活動をしなかった　（その理由を具体的に記載してください。）

4 今、公共職業安定所又は地方運輸局から自分に適した仕事が紹介されれば、すぐに応じられますか。

㋐ 応じられる
イ 応じられない — イに○印をした人は、すぐに応じられない理由を第２面の注意の8の中から選んで、その記号を○で囲んでください。
（ア）　（イ）　（ウ）　（エ）　（オ）

5 就職もしくは自営した人又はその予定のある人が記入してください。

		（就職先事業所）
ア 就職	（1）公共職業安定所又は地方運輸局紹介 （2）地方公共団体又は職業紹介事業者紹介 （3）自己就職 月　日より就職（予定）	事業所名（　） 所在地（〒　）
イ 自営	月　日より自営業開始（予定）	電話番号（　）

雇用保険法施行規則第２２条第１項の規定により上記のとおり申告します。
令和○年 8月24日
（この申告書を提出する日） 池袋 公共職業安定所長 地方運輸局長 殿

受給資格者氏名 鈴木一郎
支給番号（12345-67-123456-7）

※公共職業安定所又は地方運輸局記載欄			
1.支給番号	2.未支給区分（空欄 未支給以外 1 未支給）	3.待期満了年月日（年 月 日）	
4.支給期間（初日 年 月 日 ～ 末日 月 日）	5.内職又は手伝いによる収入（労働日数 日）（収入額 円）	6.基本手当支給日数（日）	
7.就業手当支給日数（日）	8.就業手当に相当する特別給付支給日数（日）	9.就職年月日－経路（年 月 日 －）	

次回認定日・時間	認定対象期間	※連絡事項
月 日 時から 時まで	月 日～ 月 日	

備考　　取扱者印　　操作者印

2021.9

06 基本手当③ いつからもらえるの？

基本手当の支給が始まる時期は、自己都合退職と会社都合退職では異なります。定年退職の場合は、どんな扱いになるのでしょうか？

求職の申込みをしても、すぐに基本手当はもらえない

もう一度46ページの図表「基本手当が支給されるまでの流れ」を見ながら、支給が開始されるまでの流れを把握してください。

離職後は最寄りの公共職業安定所（ハローワーク）へ行き、離職票の提出・求職の申込みを行います。被保険者期間等の基本手当を受けるための要件を満たしていれば、**受給資格者**と認定されます。

その後、**7日間の待期**があります。基本手当は、失業状態にあった日が通算して7日に達していない間は支給されません。基本手当は、失業してすぐに受取れるという性格なものではないのです。

定年退職は自己都合で会社を辞めるのと同じか？

会社を辞める場合は、①**会社都合**と②**自己都合**の２つがあります。会社都合とは、勤め先の倒産等の理由で離職を余儀なくされたものをいいます。一方の自己都合は、文字通り“自分の都合”で辞めるというもの。「一身上の都合により～」という辞表を出して、退職するような辞め方が典型例と言えます。自己都合で離職した場合は、7日間の待期に加えて、２カ月間は基本手当が支給されません（給付制限という）。転職の経験がある人はご存じかと思われますが、自己都合で会社を辞めると、およそ２カ月は無収入になります。

では、定年退職は、会社都合にあたるのか、それとも自己都合になるのでしょうか？　答えは「自己都合扱い」です。ただし、２カ月の給付制限はありません。

■基本手当が支給されるまで

●受給資格の決定

基本手当の支給を受けようとする者は、離職後、その者の住所または居所を管轄する公共職業安定所（ハローワーク）に出頭し、求職の申込みをしたうえで、雇用保険被保険者離職票（離職票）を提出して受給資格の決定を受けなければならない。

“受給資格あり”
と
認められたら
↓
雇用保険受給資格者証(受給資格者証)
が交付される

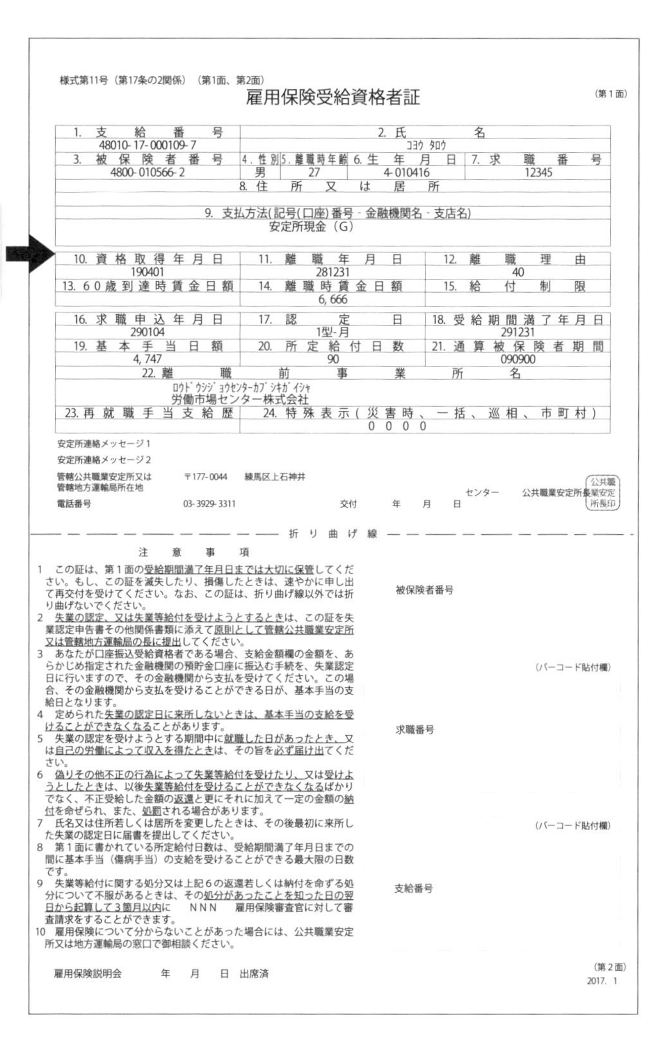

様式第11号（第17条の2関係）（第1面、第2面）

雇用保険受給資格者証

（第１面）

1. 支給番号	2. 氏名			
48010-17-000109-7	ｺﾖｳ ﾀﾛｳ			
3. 被保険者番号	4. 性別	5. 離職時年齢	6. 生年月日	7. 求職番号
4800-010566-2	男	27	4-010416	12345
8. 住所又は居所				
9. 支払方法(記号(口座)番号・金融機関名・支店名)				
安定所現金（G）				

10. 資格取得年月日	11. 離職年月日	12. 離職理由
190401	281231	40
13. 60歳到達時賃金日額	14. 離職時賃金日額	15. 給付制限
	6, 666	

16. 求職申込年月日	17. 認定日	18. 受給期間満了年月日
290104	1型-月	291231
19. 基本手当日額	20. 所定給付日数	21. 通算被保険者期間
4, 747	90	090900
22. 離職前事業所名		
ﾛｳﾄﾞｳｼｼﾞｮｳｾﾝﾀｰｶﾌﾞｼｷｶﾞｲｼｬ 労働市場センター株式会社		
23. 再就職手当支給歴	24. 特殊表示（災害時、一括、巡相、市町村）	
	0 0 0 0	

安定所連絡メッセージ１

安定所連絡メッセージ２

管轄公共職業安定所又は管轄地方運輸局所在地　〒177-0044　練馬区上石神井

電話番号　03-3929-3311　交付　年　月　日

センター　公共職業安定所長　公共職業安定所長印

折り曲げ線

注意事項

1　この証は、第１面の受給期間満了年月日までは大切に保管してください。もし、この証を滅失したり、損傷したときは、速やかに申し出て再交付を受けてください。なお、この証は、折り曲げ線以外では折り曲げないでください。
2　失業の認定、又は失業等給付を受けようとするときは、この証を失業認定申告書その他関係書類に添えて原則として管轄公共職業安定所又は管轄地方運輸局の長に提出してください。
3　あなたが口座振込受給資格者である場合、支給金額欄の金額を、あらかじめ指定された金融機関の預貯金口座に振込む手続を、失業認定日に行いますので、その金融機関から支払を受けてください。この場合、その金融機関から支払を受けることができる日が、基本手当の支給日となります。
4　定められた失業の認定日に来所しないときは、基本手当の支給を受けることができなくなることがあります。
5　失業の認定を受けようとする期間中に就職した日があったとき、又は自己の労働によって収入を得たときは、その旨を必ず届け出てください。
6　偽りその他不正の行為によって失業等給付を受けたり、又は受けようとしたときは、以後失業等給付を受けることができなくなるばかりでなく、不正受給した金額の返還と更にそれに加えて一定の金額の納付を命ぜられ、また、処罰される場合があります。
7　氏名又は住所若しくは居所を変更したときは、その後最初に来所した失業の認定日に届書を提出してください。
8　第１面に書かれている所定給付日数は、受給期間満了年月日までの間に基本手当（傷病手当）の支給を受けることができる最大限の日数です。
9　失業等給付に関する処分又は上記６の返還若しくは納付を命ずる処分について不服があるときは、その処分があったことを知った日の翌日から起算して３箇月以内に　NNN　雇用保険審査官に対して審査請求をすることができます。
10　雇用保険について分からないことがあった場合には、公共職業安定所又は地方運輸局の窓口で御相談ください。

被保険者番号

（バーコード貼付欄）

求職番号

（バーコード貼付欄）

支給番号

雇用保険説明会　年　月　日　出席済

（第２面）
2017. 1

●失業認定日

失業の認定は、求職の申込みを受けた公共職業安定所（ハローワーク）において、受給資格者が離職後最初に出頭した日から起算して4週間に1回ずつ直前の28日分の各日について行われる。

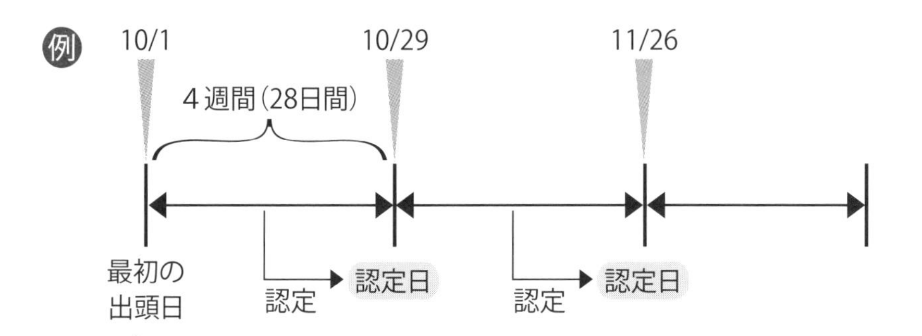

要するに、次の就職先が見つからなかったら（失業状態だったら）、4週間に1回、ハローワークへ行き失業の認定を受ける。

●待期とは？

離職票の提出と求職の申込みを行った日（受給資格決定日）から通算して7日間を待期期間という。待期期間が満了するまでは雇用保険の基本手当は支給されない。

7日間の待期期間は、離職の理由等にかかわらず、一律に適用される。

待機ではなく待期！
7日間をじっと待つ

失業の認定は待期の7日間についても行われるので心配要らない。

■離職理由による給付制限

待期期間の満了後に一定の期間、雇用保険の基本手当の支給が行われない場合がある（給付制限という）。

雇用保険法　第33条

被保険者が自己の責めに帰すべき重大な理由によつて解雇され、又は正当な理由がなく自己の都合によつて退職した場合には、待期期間の満了後１箇月以上３箇月以内の間で公共職業安定所長の定める期間は、基本手当を支給しない。

↓　令和２年10月１日以降

自己都合による離職等は、失業という保険事故を故意に起こしたのであり、給付制限がかけられ、基本手当が支給されるまで最大２カ月待たされる

定年による退職は給付制限なし

定年による退職の場合、離職証明書の離職区分では、正当な理由のある自己都合退職となる。
離職票で「定年による退職」であることを確認する。

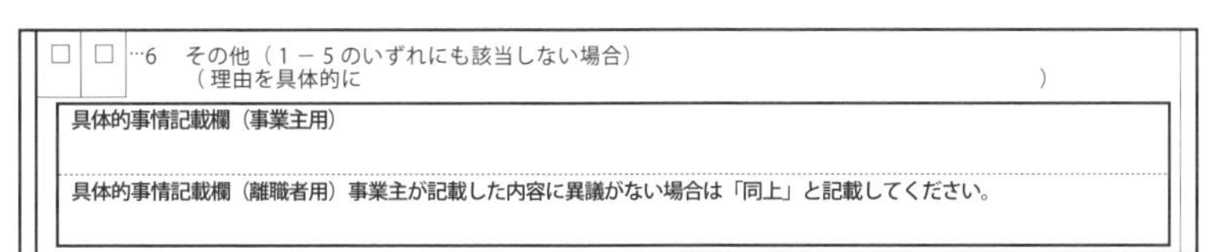
□ □ …6　その他（１－５のいずれにも該当しない場合）
（理由を具体的に　　　　　　　　　　　　　　　　）
具体的事情記載欄（事業主用）
具体的事情記載欄（離職者用）事業主が記載した内容に異議がない場合は「同上」と記載してください。

（43ページ「離職票-２」の右下の部分）

２カ月の給付制限があるのは、①正当な理由のない自己都合退職、②自己の責めに帰すべき重大な理由による解雇の場合である。
定年による「離職」の場合は、基本手当の給付制限はないので、7日間の待期期間満了後すぐに基本手当が支給される。

07 基本手当④ いつまでもらえるの？

受給資格が認定され、待期期間も経過して、ようやく基本手当が支給されます。この基本手当はいつまでもらえるのでしょうか？

基本手当の受給期間は１年間

基本手当を受給することができる期間は、原則として離職日の翌日から**１年間**と決められています。この期間を**受給期間**といいます。この受給期間の内に、**所定給付日数**（59ページ参照）を限度に、基本手当が支給されます。

勘違いされている人が多いので注意しておきますが、受給期間が１年とは、基本手当が１年間支給され続けるという意味ではなく、受給期間である１年の間は、基本手当を支給しますということです。前述のように、所定給付日数が限度ですので、１年経たないうちに、所定給付日数に達してしまったら、そこまでになります。例えば、所定給付日数が180日の人は、180日が限度です。つまり、180日分の基本手当を受取った時点で、基本手当の支給は終了ということです。

離職後は速やかに公共職業安定所へ行ったほうがいい

受給期間である１年を過ぎてしまうと、たとえ所定給付日数分の基本手当を受給していなくても、それ以後、基本手当は支給されません。１年間もあるのだから、もらえる基本手当はすべて受給できるだろうと考えてしまいがちですが、受給期間は**離職日の翌日**から１年間であることを忘れてはいけません。ハローワークへ求職の申込みを行った日から１年間ではないのです。

所定給付日数が多い人、給付制限にかかる人は、離職したら速やかにハローワークに出向いて求職の申込みを済ませましょう。

■受給期間は１年間

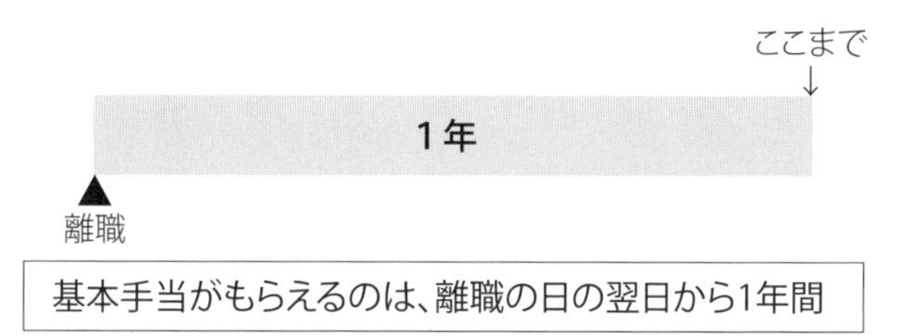

■所定給付日数240日の人の例

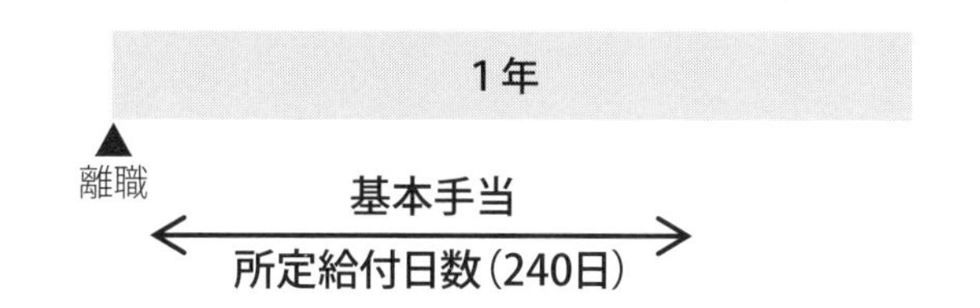

所定給付日数＝基本手当の支給を受けることができる期間

受給資格者は、受給期間の範囲内で所定給付日数を限度に、基本手当の支給を受けることができる。

●求職の申込みが遅れた場合

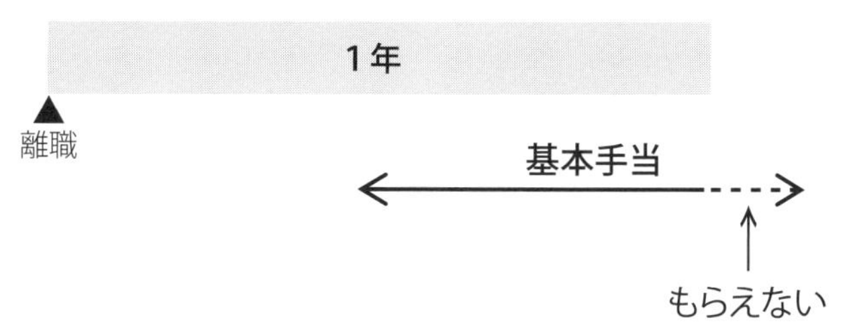

ハローワークへ行かずに、求職の申込みが遅れると、所定給付日数分の基本手当をもらい切れないこともあり得る。

08 基本手当⑤ いくらもらえるの？

基本手当は、いままで会社からもらっていた給与と同じ金額が支給されるわけではありません。

所定給付日数は勤続年数等によって決まる

所定給付日数とは、基本手当を受給できる日数のことです。この所定給付日数は、年齢や被保険者期間、離職理由により、異なります。定年退職者や自己都合退職者は**一般の離職者**となります。ちなみに、特定受給資格者・特定理由離職者とは、倒産や解雇、雇止め等により離職を余儀なくされた人が該当します。

定年に達したことで会社を辞めるとなった場合は、勤続年数 10 年以上 20 年未満で 120 日、20 年以上で 150 日となっています。

賃金日額×給付率＝基本手当日額となる

基本手当の支給は、退職する直前の６カ月間に支払われた賃金総額を 180 で除した１日の賃金日額に、給付率を乗じた「**基本手当日額**」を算出します。この基本手当日額が基本手当の日額ベースということになります。

60 ページ表中の給付率を見ればわかるように、60 歳未満は 80% ～ 50%、60 歳以上 65 歳未満は 80% ～ 45%と決められています。

このように、給付率は年齢や賃金日額によって異なるわけですが、高い人でも 80%が最高です。つまり、会社勤めをしていたときにもらっていた給与（賃金）の５～８割程度のお金しか、雇用保険からは支給されないということです。

実態として、従前の給与の６～７割相当額の基本手当を受給する人が多いのではないでしょうか。やはり、雇用保険も“保険”ですから、失業して得をすることはないのです。

■所定給付日数

基本手当の給付日数は、離職理由や年齢、被保険者であった期間及び就職困難者かどうかによって決まる。基本手当の支給を受けられる日数を所定給付日数という。

①一般の離職者（自己都合・定年等）

被保険者であった期間		
10年未満	10年以上20年未満	20年以上
90日	120日	150日

②障害者等の就職困難者

		被保険者であった期間	
		1年未満	1年以上
離職時年齢	45歳未満	150日	300日
	45歳以上65歳未満		360日

※就職困難者とは、身体障害者、知的障害者、精神障害者、保護観察に付された者等が該当する。

③倒産、解雇等による離職者
（特定受給資格者および一部の特定理由離職者）

		被保険者であった期間				
		1年未満	1年以上5年未満	5年以上10年未満	10年以上20年未満	20年以上
離職時年齢	30歳未満	90日	90日	120日	180日	—
	30歳以上35歳未満		120日	180日	210日	240日
	35歳以上45歳未満		150日		240日	270日
	45歳以上60歳未満		180日	240日	270日	330日
	60歳以上65歳未満		150日	180日	210日	240日

■基本手当はいくらになる？

雇用保険では、離職者の賃金日額に基いて、基本手当日額が算定される。

●賃金日額

$$\text{賃金日額} = \frac{\text{被保険者期間として計算された最後の６カ月期間に支払われた賃金の総額}}{180}$$

基本手当の1日あたりの額を基本手当日額といい、
賃金日額は基本手当の日額の算定の基礎となる。

●基本手当日額

基本手当日額は、賃金日額に給付率を乗じた額となる。

離職日の年齢：45〜59歳

賃金日額	給付率
2,657円以上5,030円未満	80%
5,030円以上12,380円以下	80%〜50%
12,380円超16,710円以下	50%
16,710円（上限額）超	—

離職日の年齢：60〜64歳

賃金日額	給付率
2,657円以上5,030円未満	80%
5,030円以上11,120円以下	80%〜45%
11,120円超15,950円以下	45%
15,950円（上限額）超	—

賃金日額 × 給付率
＝
基本手当日額　となる

【例えば、こうなる】

勤続年数：25年
退職時の給与：360,000円

の人が
60歳の定年で退職した場合

①まず、賃金日額を計算する

$$\frac{360{,}000円+360{,}000円+360{,}000円+360{,}000円+360{,}000円+360{,}000円}{180}=12{,}000円$$

↑
賃金日額

賃金日額は、12,000円と算出される

②次に、基本手当日額を計算する

賃金日額が11,120円を超えているため、給付率は100分の45となる
12,000円×100分の45＝5,400円…基本手当日額

5,400円…基本手当日額

③所定給付日数を確認する

勤続年数が25年で定年退職をしているケースであるため、
一般の離職者の表を見る

被保険者であった期間		
1年以上10年未満	10年以上20年未満	20年以上
90日	120日	150日

所定給付日数は150日なので
5,400円×150日＝810,000円

この人が基本手当をすべてもらった場合、810,000円となる

09 定年退職者には受給期間の延長あり

基本手当をもらえる受給期間は1年間と決まっていますけれども、これを延長できる制度があります。

病気やケガで働けない場合は受給期間が延長される

受給期間は1年間と決められていますが、この期間中に病気やケガ、その他管轄公共職業安定所長がやむを得ないと認めるなどの理由で、**引き続き30日以上**職業に就くことができなくなったときは、その期間を受給期間に加算することができます。これを**受給期間の延長**といいます。

手続きは、管轄公共職業安定所長にその旨を申し出ます。この申し出は、引き続き30日以上職業に就くことができなくなった日の翌日から延長後の受給期間の最後の日までに「**受給期間延長申請書**」（64ページ参照）に受給資格者証（または離職票）と延長理由を証明できる書類を添えて、管轄公共職業安定所長に提出します。

定年退職者は受給期間を最長1年間延長できる

60歳以上65歳未満の定年等の理由により退職した人が離職後、一定期間求職の申込みをしないことを希望する場合において、管轄公共職業安定所長にその旨を申し出たときには、求職の申込みをしないことを希望する一定の期間（**1年が限度**）を受給期間に加算することができます。

要するに、定年後しばらくの間、骨休みをしてから、仕事を探したい人は、受給期間1年に最長1年がプラスされるというもので、受給期間（1年）＋延長1年＝2年間になります。

手続きは、「受給期間延長申請書」に離職票を添付して、管轄公共職業安定所長に提出します。申請期間は、離職日の翌日から起算して**2カ月以内**となっています。申し出をしたい人はお忘れなく。

■すぐに働けない場合は受給期間の延長ができる

疾病・負傷その他管轄公共職業安定所長がやむを得ないと認める理由により、引き続き30日以上職業に就くことができない者が、その旨を申し出た場合には、その理由により職業に就くことができない日数が加算される。

【病気のため60日間職業に就けない人の場合】

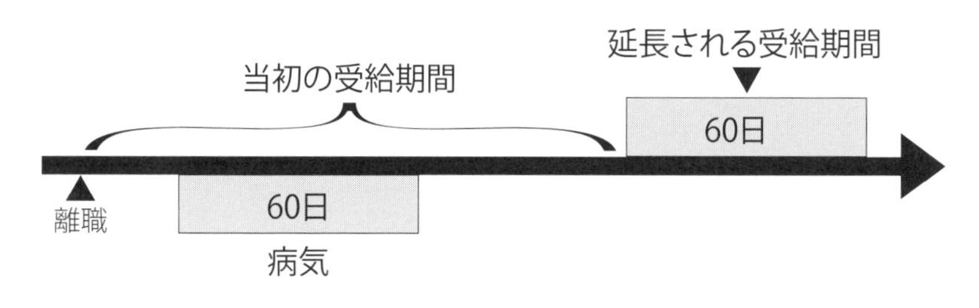

ポイント：引き続き30日以上職業に就くことができない

"30日以上"職業に就くことができない。1週間、10日間といった短い期間では、受給期間の延長は認められない。

・どうして延長されるの？

病気やケガ、妊娠、出産・育児、親族の介護等の理由ですぐに働けない人は、「失業の状態」とはいえないため、基本手当を受けることができないからである。　→　受給期間の延長で対応する

●受給期間が延長されるには申し出が必要！

申し出は、引き続き30日以上職業に就くことができなくなった日の翌日から延長後の受給期間の最後の日までに、受給期間延長申請書（64ページ参照）に所定の書類（離職票-2、雇用保険受給資格者証、延長理由を証明する書類）を添えて、住所地を管轄するハローワークの窓口で行う。

※代理人（委任状が必要）による手続き、郵送による手続きも可能。

■受給期間延長申請書

受給期間延長等・教育訓練給付適用対象期間・高年齢雇用継続給付延長申請書

1 申請者	氏名	鈴木一郎	生年月日	昭和・平成・令和 38年 6月 6日	性別	男・女
	住所又は居所	〒175-0094 東京都板橋区成増6-7-8 (電話 03-5678-90XX)				
2 申請する延長等の種類		受給期間　教育訓練給付適用対象期間				
3 離職年月日		令和 ○年 3月 31日	4 被保険者となった年月日	昭和・平成・令和 ○年 ×月 △日		
5 被保険者番号		9876-543210-X				
6 支給番号		12345-67-123XXX-7				
7 この申請書を提出する理由		イ 妊娠、出産、育児、疾病、負傷等により職業に就く(対象教育訓練の受講を開始する)ことができないため ロ 定年等の理由により離職し、一定期間求職の申込みをしないことを希望するため ハ 事業を開始等したため 具体的理由　盲腸炎で入院のため				
8 職業に就く(対象教育訓練の受講を開始する)ことができない期間、給食の申込みをしないことを希望する期間又は事業を実施する期間		令和 ○年 4月 1日から 令和 ○年 6月 30日まで	※処理欄	令和 年 月 日から 令和 年 月 日まで		
※ 延長等後の受給(教育訓練給付適用対象)期間満了年月日		令和 年 月 日	受給期間延長申請書受理 No. 教育訓練延長申込書受理 No.	継続中		
9 7のイの理由が疾病又は負傷の場合	傷病の名称		診療機関の名称・診療担当者			

受給期間を○で囲む。

雇用保険法施行規則第31条第1項・第31条の3第1項　第31条の6第1項の規定により受給期間の延長等、教育訓練給付に係る適用対象期間の延長、高年齢雇用継続給付の次回の支給申請可能な支給対象月に係る延長を上記のとおり申請します。

令和 ○年 4月 10日

池袋 公共職業安定所長・地方運輸局長 殿

申請者氏名 鈴木一郎 (鈴木)

備考		離職票交付安定所名	
		離職票交付年月日	
		離職票交付番号	

※所属長		次長		課長		係長		係		操作者	

※この書面は複写式になっているため、ハローワークインターネットサービスからダウンロードできない。最寄りのハローワークの窓口で入手する。

■定年等により離職した人の場合

60歳以上65歳未満の定年退職により離職したものの、しばらく休養したい人も、受給期間の延長ができる。いますぐに仕事を探さないという人は、基本手当の支給は受けられないが、受給期間の延長はできる。申し出の期限は、離職日の翌日から**2カ月以内**となっているため、早めに手続きを済ませること。延長できる期間は最大で1年間。

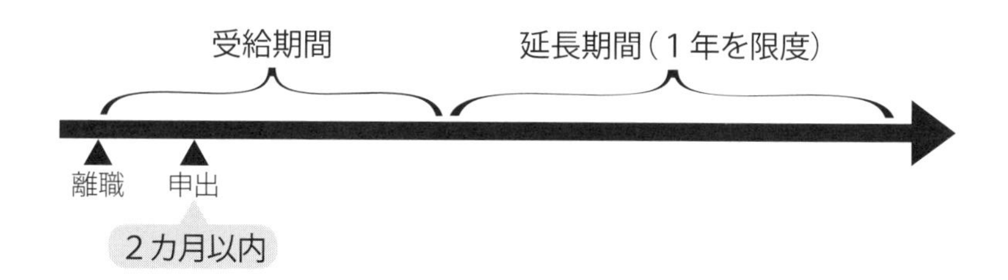

まとめ―受給期間延長の申請手続きについて

延長理由	病気やケガ・妊娠・出産など	60歳以上の定年等による離職
提出期限	延長後の受給期間の最後の日まで	離職日の翌日から起算して2カ月以内
延長期間	最大3年間	最大1年間
提出書類	受給期間延長申請書 離職票-2（基本手当の受給手続が済んでいない人） 雇用保険受給資格者証（基本手当の受給手続が済んだ人） 延長の理由を証明する書類（例えば、医師の証明書等）	
提出先	住所地を管轄する公共職業安定所	

10 早く就職すると、ご褒美がある

雇用保険には、就職促進給付という制度があります。早く就職を決めてしまっても、損をすることはありません。

雇用保険には就職促進給付もある

33ページの図表の中の「失業等給付」を振り返って見てください。失業等給付は、①求職者給付、②就職促進給付、③教育訓練給付、④雇用継続給付の4つに大別されます。いままで長々と説明してきた基本手当は、求職者給付のうちのひとつです。

ここでは②の**就職促進給付**について、お話します。“就職促進”というように、失業した人の再就職の援助・促進を目的とした給付制度になります。

基本手当のもらい残しは損か？

失業して、基本手当をもらうようになった場合は、たいていの人が所定給付日数分の手当をすべてもらいたいと考えるのではないでしょうか。もちろん、「もらえるものは全部もらう」という考え方は間違いではないです。雇用保険法という法律で認められた権利なのですから、権利濫用というものでもありません。

やはり、基本手当をもらい残して再就職すると、損をした気がするのでしょう。

例えば、所定給付日数150日の人が、50日分の基本手当をもらったところで再就職が決まった。しかし、100日分もの基本手当をもらい損ねたと受け取ってしまうのは早計です。

基本手当をもらい残して、早期に就職を決めた人には、ご褒美があります。それが就職促進給付です。早く再就職をしてしまうと、損をするということはありません。雇用保険も、その辺りのことはきちんとフォローしています。

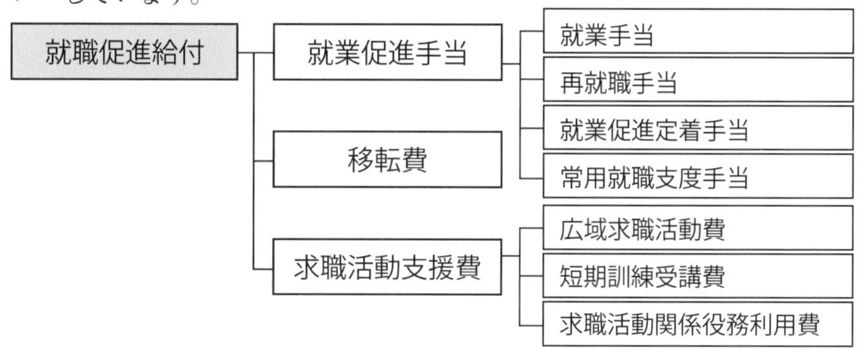

■就職促進給付の体系

就業促進手当には、①就業手当、②再就職手当、③就業促進定着手当、④常用就職支度手当の４つがある。

就業手当	基本手当の受給資格がある人が再就職手当の支給対象とならない形態で就業した場合に、基本手当の支給残日数が所定給付日数の３分の１以上かつ45日以上あり、一定の要件に該当する場合に支給される。
再就職手当	基本手当の受給資格がある人が安定した職業に就いた場合に、基本手当の支給残日数が所定給付日数の３分の１以上あり、一定の要件に該当する場合に支給される。
就業促進定着手当	再就職手当の支給を受けた人が引き続きその再就職先に６カ月以上雇用され、かつ再就職先で６カ月の間に支払われた賃金の１日分の額が雇用保険の給付を受ける離職前の賃金の１日分の額（賃金日額）に比べて低下している場合に支給される。
常用就職支度手当	基本手当等の受給資格がある人のうち、障害のある方など就職が困難な方が安定した職業に就いた場合に、基本手当の支給残日数が所定給付日数の３分の１未満であり、一定の要件に該当する場合に支給される。

■労働条件通知書
（有期雇用型）

アルバイトやパートであっても、書面による労働条件通知書の交付が法律上、義務付けられている。再就職先から必ずもらうこと。

（一般労働者用；常用、有期雇用型）

労働条件通知書

	年　月　日 ＿＿＿＿＿＿＿＿殿 事業場名称・所在地 使 用 者 職 氏 名
契約期間	期間の定めなし、期間の定めあり（　年　月　日～　年　月　日 ※以下は、「契約期間」について「期間の定めあり」とした場合に記入 1　契約の更新の有無 [自動的に更新する・更新する場合があり得る・契約の更新はしない・その他（　　）] 2　契約の更新は次により判断する。 ・契約期間満了時の業務量　・勤務成績、態度　・能力 ・会社の経営状況　・従事している業務の進捗状況 ・その他（　　） 【有期雇用特別措置法による特例の対象者の場合】 無期転換申込権が発生しない期間：Ⅰ（高度専門）・Ⅱ（定年後の高齢者） Ⅰ　特定有期業務の開始から完了までの期間（　年　か月（上限10年）） Ⅱ　定年後引き続いて雇用されている期間
就業の場所	
従事すべき業務の内容	【有期雇用特別措置法による特例の対象者（高度専門）の場合】 ・特定有期業務（　　開始日：　　完了日：　　）
始業、終業の時刻、休憩時間、就業時転換((1)～(5)のうち該当するもの一つに○を付けること。)、所定時間外労働の有無に関する事項	1　始業・終業の時刻等 (1) 始業（　時　分）終業（　時　分） 【以下のような制度が労働者に適用される場合】 (2) 変形労働時間制等；（　）単位の変形労働時間制・交替制として、次の勤務時間の組み合わせによる。 ― 始業（　時　分）終業（　時　分）（適用日　　） ― 始業（　時　分）終業（　時　分）（適用日　　） ― 始業（　時　分）終業（　時　分）（適用日　　） (3) ﾌﾚｯｸｽﾀｲﾑ制；始業及び終業の時刻は労働者の決定に委ねる。 （ただし、ﾌﾚｷｼﾌﾞﾙﾀｲﾑ（始業）　時　分から　時　分、 （終業）　時　分から　時　分、 ｺｱﾀｲﾑ　時　分から　時　分） (4) 事業場外みなし労働時間制；始業（　時　分）終業（　時　分） (5) 裁量労働制；始業（　時　分　終業（　時　分）を基本とし、労働者の決定に委ねる。 ○詳細は、就業規則第　条～第　条、第　条～第　条、第　条～第　条 2　休憩時間（　）分 3　所定時間外労働の有無（　有　，　無　）
休　日	・定例日；毎週　曜日、国民の祝日、その他（　　） ・非定例日；週・月当たり　日、その他（　　） ・1年単位の変形労働時間制の場合－年間　日 ○詳細は、就業規則第　条～第　条、第　条～第　条
休　暇	1　年次有給休暇　6か月継続勤務した場合→　日 継続勤務6か月以内の年次有給休暇　（有・無） →　か月経過で　日 時間単位年休（有・無） 2　代替休暇（有・無） 3　その他の休暇　有給（　　） 無給（　　） ○詳細は、就業規則第　条～第　条、第　条～第　条

（次頁に続く）

【ストップ・ザ・サービス残業】
36 協定を知っていますか？

■36協定とは？

労使協定とは、労働者と使用者との間で締結される書面による協定のことである。36 協定も、労使協定のひとつであり、残業や休日労働を行う場合に必要な手続きとなっている。

労働基準法は、労働時間・休日について、1日8時間、1週 40 時間（第 32 条）及び週1回の休日の原則（第 35 条）を定めている。

これに対して、第 36 条において「労使協定をし、行政官庁に届け出た場合においては、(32 条、35 条の規定にかかわらず)、その協定に定めるところによって労働時間を延長し、又は休日に労働させることができる」として、残業や休日労働を行う場合の手続き（労使協定の締結）を定めている。

労働基準法第 36 条をとって、この労使協定のことを通称「**36 協定**（サブロク協定)」と呼んでいるのである。

要するに、いわゆる法定労働時間を超える残業や休日出勤をさせる場合は、事業者（会社）は、過半数を組織する労働組合と、それがない場合は、過半数を代表する者との間に労使協定を結ばなければならない。

再就職先の会社では、36 協定の有無を確認すべきである。就業規則や労使協定等は、従業員への周知義務がある。周知が徹底されていない会社は、ブラック企業である可能性も……。

第2章 雇用保険編

11 パート、アルバイトの就職でも給付あり

仕事が見つかったら早期に就職しましょう。基本手当のもらい残しは、再就職手当として支給されます。

ちょっとアルバイトをしたら就業手当

ここでは就業促進手当の中でも、給付制度を利用する人が多いと思われる**就業手当、再就職手当**について説明します。

まずは、就業手当。就業手当とは、基本手当の受給者の多様な就業形態による早期就業を促進することを目的としている給付です。もう少しわかりやすくいうと、基本手当をもらっている間に、ちょっとしたアルバイトをしたようなときに支払われるものが、就業手当です。

就業手当は、職業に就いた日の前日における基本手当の支給残日数が所定給付日数の3分の1以上、かつ45日以上ある人が対象となります。すでに基本手当を所定給付日数の3分の2以上もらっていたり、残日数が45日未満の人には、就業手当は支給されません(67ページ参照)。

安定した職業に就いたら再就職手当

次は再就職手当です。再就職手当は、受給資格者が早期に安定した職業に就いた場合に、もらい残した部分の基本手当が、ご褒美というか恩恵というか、とにかく早期の就職を促すインセンティブとして支給される給付金です。

再就職手当は、職業に就いた日の前日における基本手当の支給残日数が所定給付日数の3分の1以上ある人が支給の対象となります。就業手当との違いは、“**安定した職業**”に就くことが要件となっているところです。臨時雇いや日雇いなど、安定したとはいえないような就労では、再就職手当は支給されません。

■就業手当と再就職手当

アルバイトで働いたり、再就職したりすると、基本手当をもらえなくなるが、その代わりに就業手当・再就職手当の支給を受けられる。

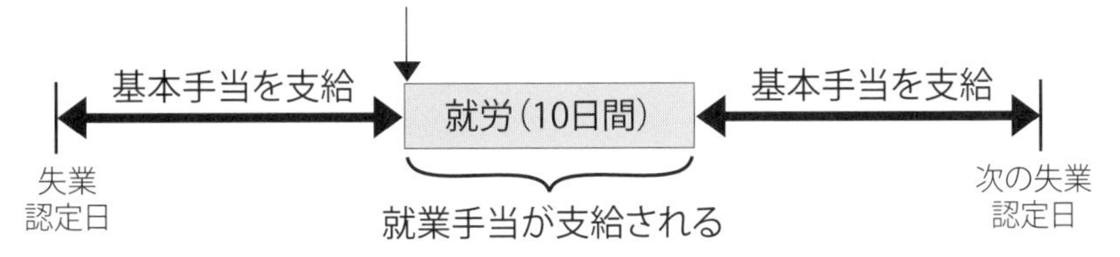

・申請手続き

ハローワークで「就業手当支給申請書」にアルバイトの明細書と受給資格者証を添えて申請する。

●早期に再就職をして再就職手当をもらおう

再就職手当は、簡単にいうと、１年超の勤務見込みで再就職したときに支給されるもの。再就職手当をもらうには、以下の条件をすべて満たしている必要がある。

①受給手続き後、７日間の待期期間満了後に就職または事業を開始したこと
②就職日の前日までの失業の認定を受けた上で、基本手当の支給残日数が所定給付日数の３分の１以上あること。
③離職した前の事業所に再び就職したものでないこと。また、離職した前の事業所と資本・資金・人事・取引面で密接な関わり合いがない事業所に就職したこと。
④受給資格に係る離職理由により給付制限にある人は、求職申込みをしてから、待期期間満了後１カ月の期間内は、ハローワークまたは職業紹介事業者の紹介によって就職したものであること。

⑤１年を超えて勤務することが確実であること（生命保険会社の外務員や損害保険会社の代理店研修生のように、1年以下の雇用期間を定め雇用契約の更新にあたって一定の目標達成が条件付けられている場合、または派遣就業で雇用期間が定められ、雇用契約の更新が見込まれない場合には、この要件に該当しない）。
⑥原則として、雇用保険の被保険者になっていること。
⑦過去３年以内の就職について、再就職手当または常用就職支度手当の支給を受けたことがないこと（事業開始に係る再就職手当も含む）。
⑧受給資格決定（求職申込み）前から採用が内定していた事業主に雇用されたものでないこと。
⑨再就職手当の支給決定の日までに離職していないこと。

●申請までの流れ

採用証明書をハローワークへ提出する

再就職手当支給申請書を受取る

再就職先で「事業主の証明」欄に記入してもらう

再就職手当支給申請書と雇用保険受給資格者証をハローワークへ提出する

■再就職手当支給申請書

■ 様式第29号の2（第82条の7関係）（第1面）再就職手当支給申請書

※帳票種別 12221

1.支給番号 □□-□□□□□□□-□

2.未支給区分 （空欄 未支給以外 1 未支給）

3.番号複数取得チェック不要 （チェック・リストが出力されたが、調査の結果、同一人でなかった場合に「1」を記入すること。）

4.就職年月日 （4 平成 5 令和） 元号 年 月 日

5.不支給理由 （1 待期未経過 2 残日数不足 3 手当等履歴有 4 早期支援履歴有 5 紹介要件不該当 6 安定就業不該当 7 離職前事業主 8 雇用予約 9 安定要件不認定 13 調査時点離職）

6.姓（漢字） 鈴木　7.名（漢字） 一郎

8.郵便番号 175-0094

9.電話番号（項目ごとにそれぞれ左詰めで記入してください。） 03-1234-0000（市外局番 市内局番 番号）

10.申請者の住所（漢字） 市・区・郡及び町村名 東京都板橋区成増

申請者の住所（漢字） 丁目・番地 6-7-8

申請者の住所（漢字） アパート、マンション名等

事業主の証明

11. 就職先の事業所（開始した事業）	名称	彩図ハウス株式会社　（雇用保険）事業所番号 1234-567890-1
	所在地	〒189-0075 新宿区高田馬場○-○-○　（電話番号 03-○○○○-××××）
	事業の種類	不動産仲介業
12. 雇入年月日（事業開始年月日）	令和 ○年 9月 1日	13. 採用内定年月日　令和 ○年 8月25日
14. 職種	営業事務	15. 一週間の所定労働時間 40時間00分　16. 賃金月額 24万 5千円　17. 雇用期間 ㋑定めなし／ロ 定めあり → 令和 年 月 日まで　契約更新条項（イ 有 ロ 無）　1年を超えて雇用する見込み（イ 有 ロ 無）

18. 上記の記載事実に誤りのないことを証明する。

令和 ○年 9月 1日

事業主氏名（法人のときは名称及び代表者氏名） 彩図ハウス株式会社　代表 彩図宏 （印：彩図社）

19. 上記12欄の日前3年間における就職についての再就職手当又は常用就職支度手当の受給の有無

イ 再就職手当又は常用就職支度手当を受給したことがある。
㋺ 再就職手当又は常用就職支度手当のいずれも受給したことがない。

雇用保険法施行規則第８２条の７第１項の規定により、上記のとおり再就職手当の支給を申請します。

令和 ○年 9月 5日

池袋 公共職業安定所長／地方運輸局長 殿　申請者氏名 鈴木一郎

（記載もれのないよう御注意ください。）

※処理欄	
所定給付日数	90・120・150・180・210・240・270・300・330・360 日
支給残日数	日
支給金額	円
支給決定年月日	令和 年 月 日

備考

※ 次長 課長 係長 係 操作者

再就職先の会社から証明をもらう。

2021.9

12 60歳を過ぎて賃金が下がったら高年齢雇用継続給付

雇用継続してもらえるのはいいけど、賃金が下がった!? そんなときは、高年齢雇用継続給付をもらいましょう。

違いは基本手当をもらったかどうか

高年齢雇用継続給付には、①**高年齢雇用継続基本給付金**と②**高年齢再就職給付金**の２つがあります。この２つはほとんど同じなのですが“雇用継続”と“再就職”という部分に注目してください。

高年齢雇用継続基本給付金は、基本手当を受給しないで雇用継続する人に支給されるものです。対して、高年齢再就職給付金は、基本手当を受給した後に、再就職した人に対して支給されるものです。

高年齢雇用継続基本給付金は、60歳をはさんで同じ勤務先で雇用継続するときにもらえ、高年齢再就職給付金のほうは60歳以後に再就職した人がもらえるという理解でいいと思います。

給与が25%超下がったら給付対象

定年退職後に継続雇用もしくは再就職した場合は、賃金が大幅にダウンすることが珍しくありません。この低下した賃金を補てんするために支給されるものが、高年齢雇用継続給付（高年齢雇用継続基本給付金・高年齢再就職給付金）なのです。

賃金の低下によって働き続ける意欲が削がれること、モチベーションの低下を予防し、雇用の継続を図るための給付制度ですので、賃金が下がった場合は、大いに活用するべきです。

では、どれくらい賃金の低下があったら給付金をもらえるのかというと、従来の賃金の**75%未満**になった場合に、支給されます。

言い換えると、25%超の賃金ダウンがあった場合ということになります。賃金が下がる60歳代前半は、高年齢雇用継続給付の支給を受けて乗り切りましょう。

■雇用継続給付の体系

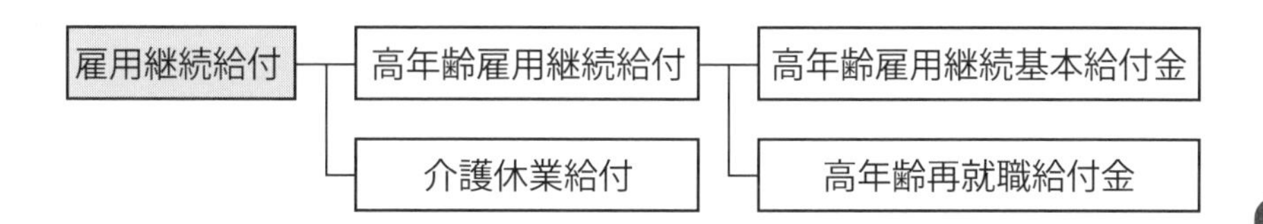

①高年齢雇用継続基本給付金

基本手当を受給せずに雇用を継続する人に対して、支給される。

②高年齢再就職給付金

基本手当を受給した後に、再就職した人に対して、支給される。

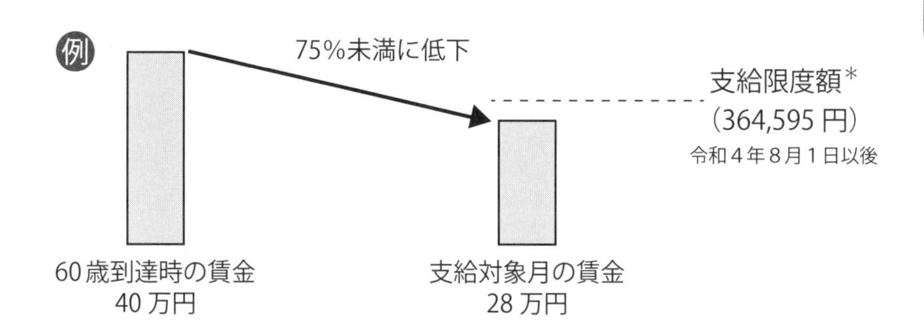

いずれも賃金が従来の賃金と比べて、75%未満となった場合に支給される。

＊毎月勤労統計の平均定期給与額の増減をもとに、毎年８月１日に行われる賃金日額の変更に伴い、支給限度額も変更になる。

■高年齢雇用継続基本給付金

・対象者

被保険者期間（＝雇用保険加入期間）が５年以上ある人で、60歳以降基本手当を受給することなく、60歳時点と比較して賃金が75％未満に低下した人。

・支給期間

被保険者が60歳に達した日の属する月から65歳に達する日の属する月まで。

・支給額

各支給対象月ごとに、下記に示す計算式によって算出される。

支給額の計算式

1	支給対象月の賃金額が60歳到達時の賃金月額の75%以上のとき	→	支給なし
2	支給対象月の賃金額が60歳到達時の賃金月額の61%以上75%未満のとき ※100分の15から一定の割合で逓減するように厚生労働省令で定める率を乗じて得た額となる。	→	現在の賃金月額の0.44%～14.35%を支給
3	支給対象月の賃金額が60歳到達時の賃金月額の61%未満のとき	→	現在の賃金月額の15%を支給

注１:ただし、支給対象月に支払われた賃金額が364,595円*以上のときには、支給されない。
注２:算定された支給額が、2,125円*以下の場合も支給されない。
＊の金額は毎年８月１日に改定される。

■高年齢再就職給付金

・対象者

①離職の日において被保険者であった期間が５年以上あり、かつ、基本手当の支給を受けたことがある

②再就職後の賃金が60歳到達時点の賃金の75%未満である

③再就職をして、雇用保険に加入している

④就職日の前日において基本手当の支給残日数が100日以上ある
⑤再就職後の賃金が、支給限度額（364,595円）未満である

・支給期間

基本手当の支給残日数に応じて、下記の表のとおり。ただし、65歳に達した場合には、支給期間が残っていても65歳に達したときまでの支給となる。

基本手当の支給残日数	支給期間
200日以上	2年間
100日以上200日未満	1年間

※支給残日数が100未満では支給されない。

・支給額

高年齢雇用継続基本給付金と同じ。

■高年齢雇用継続給付の申請手続きについて

●支給申請手続き

事業所の所在地を管轄する公共職業安定所に「高年齢雇用継続給付支給申請書」（80ページ参照）を提出する。

高年齢雇用継続給付の支給を受けるためには、原則として2カ月に一度、支給申請書を提出する必要がある。

支給申請書の提出は、初回の支給申請（最初に支給を受けようとする支給対象月の初日から起算して4カ月以内）を除いて、指定された支給申請月中に行わなくてはならない。

■高年齢雇用継続基本給付金

支給申請の概要

提出者	事業主 ※被保険者本人が申請を行うことも可能。
提出書類	①高年齢雇用継続給付支給申請書 ※初回の支給申請では「高年齢雇用継続給付受給資格確認票・（初回）高年齢雇用継続給付支給申請書」の用紙を使用する。 ②払渡希望金融機関指定届
添付書類	a.雇用保険被保険者六十歳到達時等賃金証明書 ※ａの書類は、初回の支給申請時に受給資格等を確認するために必要となる。 b.支給申請書と賃金証明書の記載内容を確認できる書類（賃金台帳、労働者名簿、出勤簿など）及び被保険者の年齢が確認できる書類等＊ ＊運転免許証か住民票の写し（コピーも可）。あらかじめマイナンバーを届け出ている人は省略可。
提出先	事業所の所在地を管轄する公共職業安定所
提出時期	１. 初回の支給申請 最初に支給を受けようとする支給対象月（受給要件を満たし、給付金の支給の対象となった月をいう）の初日から起算して４カ月以内。 ２. ２回目以降の支給申請 管轄公共職業安定所長が指定する支給申請月の支給申請日。 ※公共職業安定所から交付される「高年齢雇用継続給付次回支給申請日指定通知書」に印字されている。

■高年齢再就職給付金

受給資格確認の概要

提出者	事業主
提出書類	①高年齢雇用継続給付受給資格確認票・ （初回）高年齢雇用継続給付支給申請書 ②払渡希望金融機関指定届
提出先	事業所の所在地を管轄する公共職業安定所
提出時期	高年齢再就職給付金の支給を受けようとするときは、雇用した日以後速やかに提出する。

支給申請の概要

提出者	事業主 ※被保険者本人が申請を行うことも可能。
提出書類	高年齢雇用継続給付支給申請書
添付書類	支給申請書の記載内容を確認できる書類（賃金台帳、労働者名簿、出勤簿など）及び被保険者の年齢が確認できる書類等＊ ＊運転免許証か住民票の写し（コピーも可）。あらかじめマイナンバーを届け出ている人は省略可。
提出先	事業所の所在地を管轄する公共職業安定所
提出時期	管轄公共職業安定所長が指定する支給申請月の支給申請日 ※公共職業安定所から交付される「高年齢雇用継続給付次回支給申請日指定通知書」に印字されている。

【Point】この２つの手続きは、基本的に会社でやってくれるもの。不明な点、確認したい点については、会社の総務担当者等に相談すること。

■高年齢雇用継続給付受給資格確認票・（初回）高年齢雇用継続給付支給申請書

■ 様式第33号の3（第101条の5、第101条の7関係）（第1面） ■

高年齢雇用継続給付受給資格確認票・（初回）高年齢雇用継続給付支給申請書

（必ず第２面の注意書きをよく読んでから記入してください。）

帳票種別 15300

1.個人番号

2.被保険者番号 □□□□-□□□□□□-□

3.資格取得年月日 □-□□□□□□ 元号 年 月 日 （3 昭和 4 平成 5 令和）

4.被保険者氏名　フリガナ（カタカナ）

5.事業所番号 □□□□-□□□□□□-□

6.給付金の種類（1 基本給付金 2 再就職給付金）

<賃金支払状況>

7.支給対象年月その１ 元号 年 月　8.7欄の支給対象年月に支払われた賃金額 円　9.賃金の減額のあった日数 日　10.みなし賃金額 円

11.支給対象年月その２ 元号 年 月　12.11欄の支給対象年月に支払われた賃金額 円　13.賃金の減額のあった日数 日　14.みなし賃金額 円

15.支給対象年月その３ 元号 年 月　16.15欄の支給対象年月に支払われた賃金額 円　17.賃金の減額のあった日数 日　18.みなし賃金額 円

※公共職業安定所記載欄

60歳到達時等賃金登録欄

19.賃金月額（区分－日額又は総額）（1 日額 2 総額） 円　20.登録区分　21.基本手当の受給資格　22.定年等修正賃金登録年月日 元号 年 月 日

高年齢雇用継続給付受給資格確認票項目記載欄

23.受給資格確認年月日 元号 年 月 日　24.支給申請月（1 奇数月 2 偶数月）　25.次回（初回）支給申請年月日 元号 年 月 日　26.支払区分

27.金融機関・店舗コード　口座番号　28.未支給区分（空欄 未支給以外 1 未支給）

その他賃金に関する特記事項

29.	30.	31.

上記の記載事実に誤りのないことを証明します。

令和　年　月　日　事業所名（所在地・電話番号）　事業主氏名　印

上記のとおり高年齢雇用継続給付の受給資格の確認を申請します。
雇用保険法施行規則第101条の５及び第101条の７の規定により、上記のとおり高年齢雇用継続給付の支給を申請します。

令和　年　月　日　公共職業安定所長 殿　住 所　申請者氏名（フリガナ）

払渡希望金融機関指定届	32.払渡希望金融機関	フリガナ		金融機関コード	店舗コード
		名 称	本店 支店		
		銀行等（ゆうちょ銀行以外）	口座番号（普通）		
		ゆうちょ銀行	記号番号（総合） －		

備考	
賃金締切日	日　賃金支払日 当月・翌月　日　賃金形態 月給・日給・時間給・
所定労働日数	7欄　日　11欄　日　15欄　日
通勤手当	有（毎月・3か月・6か月・　　　）・無

※処理欄	
資格確認の可否	可 ・ 否
年齢確認書類	住・免・（　　）
資格確認年月日	令和　年　月　日
通知年月日	令和　年　月　日

社会保険労務士記載欄	作成年月日・提出代行者・事務代理者の表示	氏名	電話番号

※所長	次長	課長	係長	係	操作者

2021.9 ■

（この用紙は、このまま機械で処理しますので、汚さないようにしてください。）

■雇用保険被保険者六十歳到達時等賃金証明書

様式第33号の4（第101条の5関係）

雇用保険被保険者六十歳到達時等賃金証明書（安定所提出用）

①被保険者番号	－ －	③ フリガナ	
②事業所番号	－ －	60歳に達した者の氏名	
④事業所 名称 所在地 電話番号		⑤60歳に達した者の住所又は居所	〒 電話番号（ ） －
⑥60歳に達した日等の年月日	平成 令和 年 月 日	⑦60歳に達した者の生年月日	昭和 平成 年 月 日

この証明書の記載は、事実に相違ないことを証明します。
住所
事業主
氏名 ㊞

60歳に達した日等以前の賃金支払状況等

⑧60歳に達した日等に離職したとみなした場合の被保険者期間算定対象期間	⑨⑧の期間における賃金支払基礎日数	⑩賃金支払対象期間	⑪⑩の基礎日数	⑫賃金額 Ⓐ	Ⓑ	計	⑬備考
60歳に達した日等の翌日 月 日							
月 日～60歳に達した日等	日	月 日～60歳に達した日等	日				
月 日～ 月 日	日	月 日～ 月 日	日				
月 日～ 月 日	日	月 日～ 月 日	日				
月 日～ 月 日	日	月 日～ 月 日	日				
月 日～ 月 日	日	月 日～ 月 日	日				
月 日～ 月 日	日	月 日～ 月 日	日				
月 日～ 月 日	日	月 日～ 月 日	日				
月 日～ 月 日	日	月 日～ 月 日	日				
月 日～ 月 日	日	月 日～ 月 日	日				
月 日～ 月 日	日	月 日～ 月 日	日				
月 日～ 月 日	日	月 日～ 月 日	日				
月 日～ 月 日	日	月 日～ 月 日	日				
月 日～ 月 日	日	月 日～ 月 日	日				

⑭賃金に関する特記事項		六十歳到達時等賃金証明書受理 令和 年 月 日（受理番号 番）
※公共職業安定所記載欄		

（注）
本手続は電子申請による申請が可能です。
なお、本手続について、社会保険労務士が事業主の委託を受け、電子申請により本申請書の提出に関する手続を行う場合には、当該社会保険労務士が当該事業主から委託を受けた者であることを証明するものを本申請書の提出と併せて送信することをもって、本証明書に係る当該事業主の電子署名に代えることができます。
また、本手続について、事業主が本申請書の提出に関する手続を行う場合には、当該事業主が被保険者から、当該被保険者が六十歳到達時等賃金証明書の内容について確認したことを証明するものを提出させ、保存しておくことをもって、当該被保険者の（電子）署名に代えることができます。

社会保険労務士記載欄	作成年月日・提出代行者・事務代理者の表示	氏名	電話番号

※	所長	次長	課長	係長	係

第2章 雇用保険編

13 失業中は無料で公共職業訓練を受けられる

就職に向けた知識・技術の取得、レベルの向上を図るための制度として、公共職業訓練制度があります。

これはうれしい！　求職者の受講料は無料

公共職業訓練（離職者訓練）は、主に雇用保険の受給をしている求職者の人を対象に、就職に必要な技能及び知識を習得するための訓練を無料（テキスト代等は自己負担）で実施されています。

公共職業訓練は、独立行政法人高齢・障害・求職者雇用支援機構（JEED）が実施主体となるものと、都道府県が実施主体となるものがありますが、どちらも求職者を対象とした職業訓練は受講料が無料ですので、是非とも有効に活用したい制度です。

基本手当の支給が延長される訓練延長給付

ハローワークの指示によって公共職業訓練を受講する場合は、基本手当の給付制限が解除されたり、訓練中の基本手当が延長して支給される場合もあります。

ハローワークインターネットサービスのWebサイトからハローワークがあっせんする職業訓練（ハロートレーニング）の検索ができます。

コース種別、エリア、想定する分野、募集期間、訓練期間の条件を設定して検索し、IT、事務、介護、農業、クリエート（企画・創作）、輸送サービス、機械関連、電気関連など、さまざまなコースの中から、自分が興味のある講座を見つけてみましょう。

なお、あらかじめ募集定員が決まっているため、希望者全員が受けられるとは限りません。受講申込みはハローワークで受付けています。受講を希望する場合は、一度相談してみるとよいでしょう。

■離職者訓練について

離職者訓練は、ハローワークの求職者を対象に、職業相談等を通じて受講が必要である場合に、再就職の実現にあたって必要な訓練を実施している。

離職者訓練を受講することが、①適職に就くために必要であると認められ、かつ、②職業訓練を受けるために必要な能力等を有すると公共職業安定所長が判断した方に対して、受講をあっせんしています。

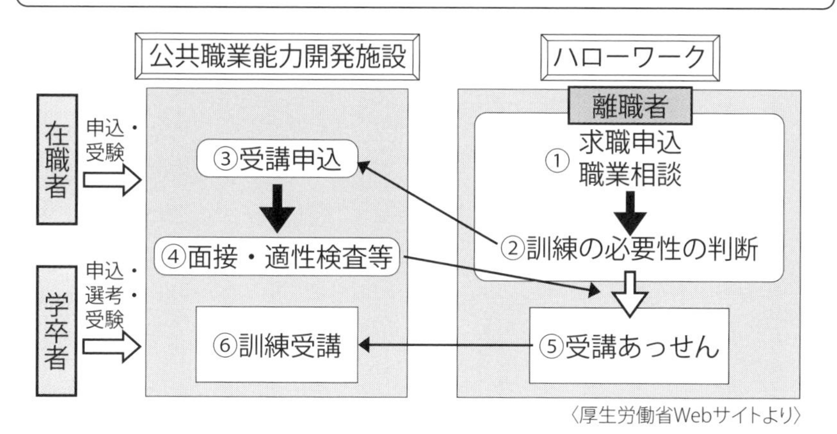

〈厚生労働省Webサイトより〉

●訓練延長給付

公共職業安定所長の指示した公共職業訓練等を受ける受給資格者は、基本手当の支給期間が延長される。

訓練延長給付には、「訓練待期中」「訓練受講中」「訓練終了後」の3種類ある。

訓練延長給付の延長日数の限度

公共職業訓練等を受けるために待期している期間	90日間
公共職業訓練等を受けている期間	訓練期間（2年を限度）の範囲
公共職業訓練等を受け終わっても、なお就職が相当程度に困難な者であると公共職業安定所長が認めた場合	30日間

14 病気やケガのため働けないときは傷病手当

求職の申込みをした後に、病気やケガのために職業に就くことができない場合は、基本手当の代わりに傷病手当が支給されます。

病気やケガのため働きたいけど働けない

人間ですから、いつ病気になったり、ケガをするかわかりません。もし求職の申し出後に、病気やケガになったら、失業の認定等はどうなるのでしょう？　**14日以内**の病気・ケガであれば、失業認定日を変更してもらうか、次回の認定日にまとめて失業認定をしてもらうことが可能です。

病気・ケガのために引き続き**15日以上30日未満**職業に就くことができなかった場合は、基本手当を受給することはできませんが、基本手当に代えて**傷病手当**（しょうびょうてあて）が支給されます。

傷病手当を受給する手続きは、傷病が治った後の最初の認定日までに、**傷病手当支給申請書**をハローワークへ提出します。

傷病手当をもらうと、所定給付日数が減らされる

繰り返しになりますが、傷病手当は15日以上引き続き傷病により、職業に就くことができないため、基本手当の支給を受けられない場合に、基本手当に代えて支給されるものです。

“基本手当に代えて”といっているように、傷病手当の基本的な中身は、基本手当のそれとほとんど同じです。

傷病手当の日額は基本手当の日額に相当する額ですし、傷病手当を支給する日数も所定給付日数から基本手当を支給した日数を差し引いた日数になります。

つまり、傷病手当を支給したときは、その支給した日数に相当する日数分の基本手当を支給したものとみなされるというわけです。

■傷病手当支給申請書

傷病が治った後の最初の認定日までに「傷病手当支給申請書」に、受給資格者証を添えて提出する。

様式第22号(第63条関係)(第1面)

傷病手当支給申請書

※ 帳票種別 12209

1.支給番号 □□-□□□□□□□-□

2.未支給区分 □（空欄 未支給以外 1 未支給）

3.支給期間（初日）（末日） □-□□□□□□-□□□□□（4 平成 5 令和） 元号 年 月 日 月 日

4.傷病日数 □□□

5.特例日額不支給日数 □□□

6. 内職（労働日数－収入額） □□□-□□□□□□□ 円

7. 公害補償手当減額分 □□□□□□□ 円 -

傷病手当不支給日数 □□□

申請者	1 氏名	鈴木一郎	2 性別	(男)・女	3 生年月日	大正 (昭和) 平成 令和 38年6月6日

診療担当者の証明				
4 傷病の名称及びその程度	肺炎			
5 初診年月日	令和○年 7月26日	6 傷病の経過	令和○年 8月25日	(治ゆ)・転医 中止・継続中
7 傷病のため職業に就くことができなかったと認められる期間	令和○年 7月26日から	令和○年 8月25日まで	31 日間	
8 上記のとおり証明する。 令和 ○ 年 8月25日 （電話番号 03-××××-○○○○）				
診療機関の所在地及び名称 豊島区池袋○-○-○池袋○○病院				
診療担当者氏名 医師 佐藤健司				

支給申請期間				
9 同一の傷病により受けることのできる給付	第2面の注意の3の中から選んでその番号を○で囲んでください。	(1) (2) (3) (4) (5) (6) (7) (8)		
10 9の給付を受けることのできる期間	令和 年 月 日から	令和 年 月 日まで	日間	
	令和 年 月 日から	令和 年 月 日まで	日間	
11 傷病手当の支給を受けようとする期間	令和○年 7月26日 から	令和○年 8月25日 まで	31 日間	

12 内職若しくは手伝いをした日、又は収入のあった日、その額等を記入してください。	内職又は手伝いをした日	
	月/日 月/日 月/日	収入のあった日 月 日 収入額 円 何日分の収入か 日分
		収入のあった日 月 日 収入額 円 何日分の収入か 日分
		収入のあった日 月 日 収入額 円 何日分の収入か 日分

雇用保険法施行規則第63条第2項の規定により上記のとおり傷病手当の支給を申請します。

令和○年 8月31日

申請者氏名 鈴木一郎

池袋 公共職業安定所長 / 地方運輸局長 殿

支給番号（03-1234-0000）

※ 処理欄	支給期間	令和 年 月 日から	令和 年 月 日まで	日間

備考

医療機関で証明をもらう。

※ 所属長 | 次長 | 課長 | 係長 | 係 | 操作者

2021.9

15 65歳を過ぎて失業した場合は一時金

65歳以降に離職した場合は、求職者給付として高年齢求職者給付金が支給されます。

高年齢被保険者が失業すると…

ここでもう一度、被保険者の種類を思い出してください（36ページ参照）。同一の事業主の適用事業に65歳に達した日の前日から引き続いて65歳に達した日以後において雇用されている人は、高年齢被保険者に該当します（39ページ参照）。

この高年齢被保険者が失業した場合には、**高年齢求職者給付金**が支給されます。高年齢求職者給付金の支給を受けることができる資格を**高年齢受給資格**といって、離職の日以前**1年間**に、被保険者期間が通算して**6カ月以上**あることが要件とされています。

「2年間に被保険者期間が12カ月以上あること」とされている基本手当の受給資格に比べると、「1年間に被保険者期間が6カ月以上」ですからハードルが低く、高年齢被保険者のうち多くの方が高年齢求職者給付金を受けられるものと思われます。

50日分か30日分の一時金

高年齢求職者給付金は、一時金の支給であることが特徴です。離職の日の翌日から起算して**1年**を経過する日までに、公共職業安定所に出頭し、求職の申込みをしたうえで、失業していることの認定を受けることで、高年齢求職者給付金が支給されます。基本手当を受給するときのように、何度もハローワークへ足を運ぶ必要はありません。

高年齢求職者給付金の額は、高年齢受給資格者を受給資格者とみなして計算した基本手当日額の**50日分**もしくは**30日分**が支給されます。

■高年齢求職者給付金

65歳以上の雇用保険の被保険者（高年齢被保険者）が失業した場合には、高年齢求職者給付金が支給される。

・受給手続き（必要書類等）

1.離職票-1、離職票-2

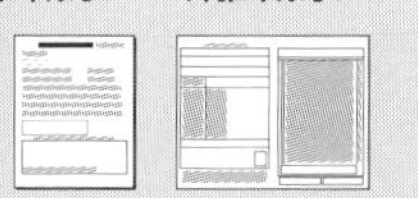

3.写真1枚

（最近の写真、
正面上三分身、
縦3.0cm×横2.4cm）

4.本人名義の預金通帳またはキャッシュカード

2.マイナンバーカード

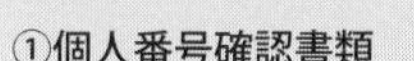

持っていない人は、次の①および②を持参すること

①個人番号確認書類

次のいずれか
・通知カード
・個人番号の記載のある住民票（住民票記載事項証明書）

②身元（実在）確認書類

（a）のうちいずれか1つ。（a）を持っていない人は、（b）のうち異なる2種類（コピー不可）

（a）運転免許証、運転経歴証明書、官公署が発行した身分証明書・資格証明書（写真付き）など

（b）公的医療保険の被保険者証、児童扶養手当証書など

・失業の認定

高年齢求職者給付金の支給を受けようとする高年齢受給資格者は、離職日の翌日から起算して1年を経過する日までに、管轄公共職業安定所に出頭し、求職の申込みをしたうえ、失業していることについての認定を受けなければならない。

・高年齢求職者給付金の額

高年齢求職者給付金の額は、高年齢受給資格者を受給資格者とみなして計算した基本手当日額に、下表の掲げる日数を乗じて得た額となる。

算定基礎期間	基本手当日額に乗じる日数
1年未満	30日
1年以上	50日

※算定基礎期間には、一般被保険者であった期間も含まれる。

算定基礎期間（被保険者であった期間）：2年
基本手当日額：8,000円
の高年齢被保険者が失業した場合

高年齢求職者給付金の額は8,000円×50日＝400,000円の一時金が支給される。

16 絶対にやめよう！　不正受給

失業期間中に、働いたことを申告しなかったり、偽った申告をすると、不正受給になります。

基本手当の減額について

失業している間に、自己の労働によって収入を得た場合、このお金はどういう性格のものと考えたらいいのでしょうか？

雇用保険法第19条3項には、次のように書いてあります。

> **（基本手当の減額）**
> 第19条3項
> 受給資格者は、失業の認定を受けた期間中に自己の労働によつて収入を得たときは、厚生労働省令で定めるところにより、その収入の額その他の事項を公共職業安定所長に届け出なければならない。

要するに、自己の労働によって収入を得たら、**失業認定申告書**に記述して、届け出をするようにといっているわけです。

ちなみに、ここでいう収入とは、家業の手伝いや内職などをして得たお金のことを指しています。フリーマーケットで家財品を売ったことで得たお金などは含みません。いずれにせよ、こうした収入がある場合は、金額によっては基本手当が減額調整されることがあります。

不正な行為により基本手当を受給したら３倍返し

アルバイトであっても職業に就いたのであれば、失業していることにはならないので、この状況で基本手当を受給していたら、不正受給となります。不正受給をした場合は、不正受給した分の３倍返し。さらに、残りの給付金を受ける権利もすべて失います。

パート、アルバイト、日雇いで就労したら申告が必要です。バレなければ大丈夫などと絶対に思ってはいけません。

■失業期間中に自己の労働による収入がある場合

基本手当の減額の算定に用いる控除額：1,310円

（令和４年８月～）

①失業の認定に係る期間中に自己の労働によって収入を得た場合、収入から控除額（1,310円）を控除した額と基本手当の日額との合計額が賃金日額の80%相当額を超えるとき、当該超える額の分だけ基本手当の日額が減額される。

②（収入－控除額）の額が賃金日額の80%以上のときは、基本手当は支給されない。

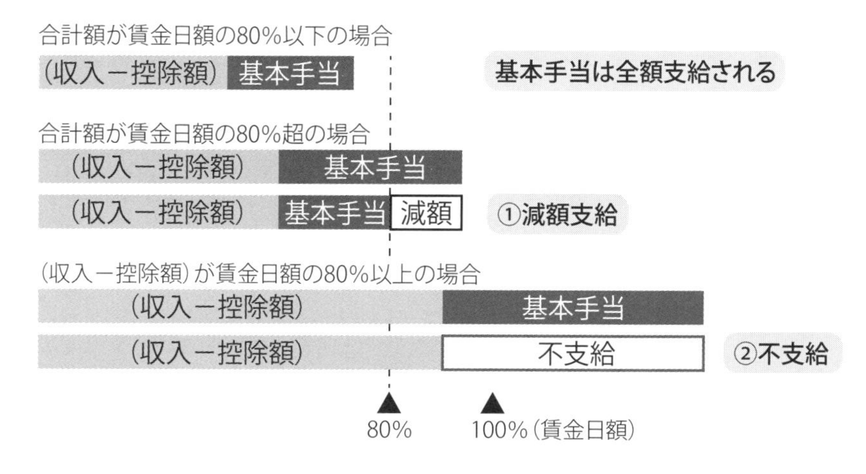

■やってはいけない！　不正受給

働いたことを申告しない、偽りの申告をするなど、不正な行為によって基本手当等を受けようとした場合は、すべて不正受給となる。

不正受給をすると

３倍返し＋残りの基本手当等もすべてもらえなくなる!

【コラム】
もう作った？　マイナンバーカード

●従来の健康保険証は廃止される？

総務省は「マイナンバー制度は、行政を効率化し、国民の利便性を高め、公平・公正な社会を実現する社会基盤である」と説明しています。

2015（平成27）年10月以降、国民一人ひとりに12桁の番号であるマイナンバー（個人番号）が通知されています。また、マイナンバーは、不正に使われる恐れがある場合を除いて、基本的に一生変更されることはなく、この番号を使い続けるものです。

なかなか普及が進まなかったマイナンバーカードも、2023（令和5）年4月末時点で、交付枚数87,865,814、人口に対する交付枚数率は約69.8%に達しています（総務省webサイト）。すでに、国民の約7割がマイナンバーカードを持っているわけです。

私たちの生活に身近なところでは、2023（令和5）年4月からマイナンバーカードの健康保険証利用ができるようになりました。改正マイナンバー法などの関連法の成立により、現在の健康保険証は廃止され、マイナンバーカード（マイナ保険証）へ一本化されます。そもそもマイナンバーカードの取得は任意だったのですが、マイナ保険証への切り替えはカード取得の事実上の義務化と言えます。

マイナンバー制度に関しては、従来から批判的、懐疑的な声もありましたが、現在、行政に提出する書類のほとんどにマイナンバー（個人番号）を記入する必要があります。

一方で、マイナンバーカードで他人の住民票が発行される、マイナ保険証の誤登録で別人の情報閲覧ができるようになったなど、あらためて情報漏えいの危険性を感じさせるようなトラブルが発生しています。「利便性が高まる」といわれても、人間のやること、作ったものに完璧なものはないのかもしれません。

3章

年金編

01 定年後も年金に加入するの？

現在、厚生年金保険は70歳まで入れます。定年後も体力に自信がある人は、もう少し頑張って、将来の年金増額につなげましょう。

国民年金は60歳まで加入する

詳しくは94ページで説明しますが、会社員は国民年金の**第２号被保険者**に該当します。ちなみに、自営業者の人は国民年金の**第１号被保険者**になります。

第１号被保険者は、日本国内に住所を有する20歳以上60歳未満の者ですので、20歳以降一度も会社勤めをしたことがない人は、20歳から60歳になるまでの40年間、国民年金の保険料を納める必要があります。

例えば、会社員をしていた人が退職をして自営業を始めた場合は、その時点で60歳未満であれば、国民年金の第１号被保険者として60歳になるまで保険料を払います。

厚生年金保険は70歳まで加入できる

では、**継続雇用**という形で会社に残り、引き続き勤務している人の年金加入はどうなるでしょう？　例えば、60歳の定年を迎えた後、続いて嘱託として勤務しているようなケースです。

厚生年金保険法の第９条を引用します。

> 被保険者（第９条）
> 適用事業所に使用される70歳未満の者は、厚生年金保険の被保険者とする

覚えておいてほしいのは、現在、厚生年金保険は**70歳**まで入れると

いうことです。ですので、60歳以降65歳（最長70歳）になるまで、現在勤めている会社で社会保険に加入して働き続ける人は、厚生年金の保険料が給与天引きされることになります。

■年代別・退職後の年金加入形態

年齢	働き方等	加入する年金制度
60歳未満	再就職する	厚生年金保険
	自営業、無職等	国民年金（第1号）
	厚生年金保険に加入する者の被扶養配偶者になる	国民年金（第3号）
60〜64歳未満	再就職する	厚生年金保険
	受給資格期間が不足している	国民年金（任意加入）
65〜69歳未満	再就職する	厚生年金保険
	受給資格期間が不足している	国民年金（任意加入）
70歳以上	受給資格期間が不足している	厚生年金保険（任意加入）

●定年後も年金に加入するのか？

60歳以上でも、社会保険に加入する形で再就職した場合は、厚生年金の保険料を納めることになる。

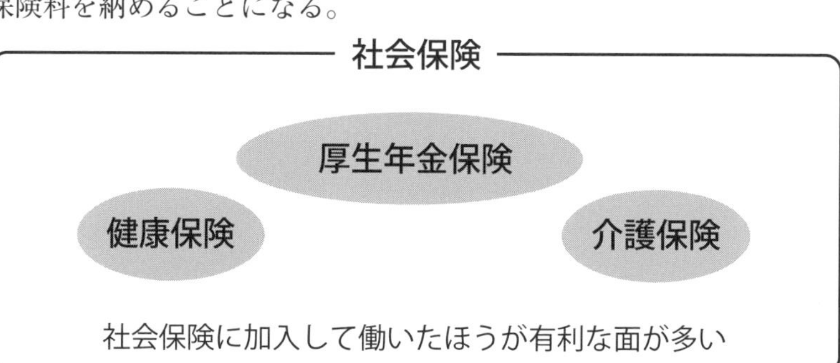

第3章 年金編

02 これだけは知っておきたい！年金の仕組み

会社員等の年金は国民年金と厚生年金保険の“2階建て”です。年金制度の基本の「き」を確認してください。

すべての国民が公的年金に加入している

国民年金の被保険者は、職業や保険料負担の仕方によって、**第１号被保険者**、**第２号被保険者**と**第３号被保険者**に分けられます。

会社員は、国民年金の第２号被保険者であると同時に厚年年金保険の被保険者でもあるのです。

第３号被保険者は、一般的に、会社員等の妻が該当します。いわゆる**被扶養配偶者**となっている20歳以上60歳未満の専業主婦の人たちです。気を付けたいのは、夫が会社員を辞めた場合、妻は第３号被保険者でなくなるということです。

例えば、夫が脱サラし、夫婦で自営業を始めたような場合は、２人とも60歳未満ならば、第１号被保険者に該当し、保険料を納める必要があります。

会社員等の老後の年金

人生いろいろ、働き方もいろいろですが、ここではわかりやすいように、ずっと会社員をやっていた人の年金を考えます。

前述したように、会社員は厚生年金保険に加入し、国民年金にも加入しています。よく“**２階建ての年金**”といわれるのは、１階が国民年金、２階が厚生年金保険になっているからです。

会社員等の老後の年金は、国民年金から**老齢基礎年金**が、厚生年金保険から**老齢厚生年金**が支給されます。

新卒で就職し、会社員人生を全(まっと)うした人は、基本的に保険料の滞納・

未納（みのう）ということはないので、退職後はスムーズに年金生活に入れるでしょう。

■公的年金制度の仕組み

・公的年金制度は、加齢などによる稼得能力の減退・喪失に備えるための社会保険である。

・現役世代はすべて国民年金の被保険者となり、高齢期になると基礎年金の給付を受けられる（1階部分）。

・会社員等は、これに加えて、厚生年金保険にも加入し、基礎年金の上乗せとして報酬比例の給付を受けられる（２階部分）。

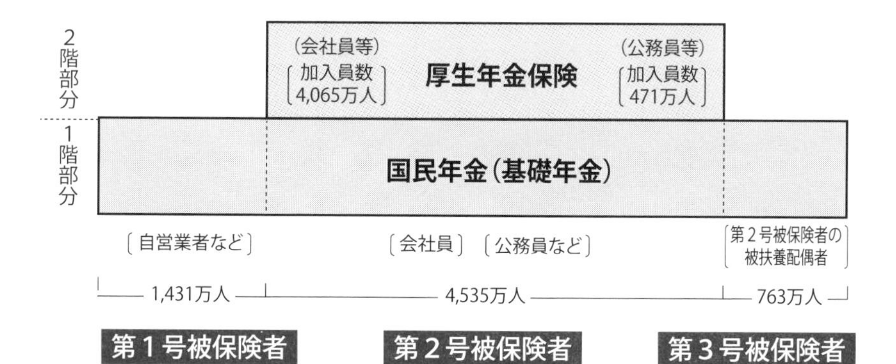

厚生年金保険	会社員等が加入する年金。会社に就職した場合は、会社が加入手続きをしてくれる。
国民年金	自営業者、無職の人、学生等が加入する年金。日本国内に住む20歳から60歳未満の人は全員が加入することになっている。

■国民年金の被保険者

国民年金の被保険者は、職業や保険料負担の違いなどにより、第１号被保険者、第２号被保険者、第３号被保険者の３種類に分けられる。

第１号被保険者	（対象者） 農業等に従事する、学生、フリーター、無職の人など。 （保険料の納付方法） 納付書による納付や口座振替など、自分で納める。 （納められないときは、免除や納付猶予の仕組みがある）
第２号被保険者	（対象者） 厚生年金保険の適用を受けている事業所に勤務する者であれば、自動的に国民年金にも加入する。 （ただし、65歳以上で老齢年金を受ける人を除く） （保険料の納付方法） 国民年金保険料は厚生年金保険料に含まれるため、厚生年金の保険料をかける人は自動的に国民年金にも加入することになる。 ※厚生年金の制度から国民年金制度に基礎年金拠出金を交付している。
第３号被保険者	（対象者） 第２号被保険者の配偶者で20歳以上60歳未満の人をいう（わかりやすくいうと、会社員等の妻）。 ただし、年間収入が130万円以上で健康保険の扶養となれない人は第３号被保険者とはならず、第１号被保険者となる。 （保険料の納付方法） 国民年金保険料は配偶者が加入する年金制度が一括負担する。

■会社員の老齢年金

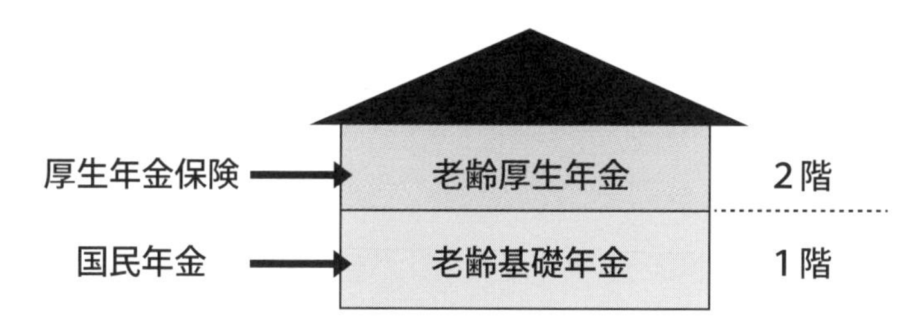

会社員など厚生年金保険に加入している人は、老後の年金が２階建てになる（上図参照）。

つまり、国民年金から老齢基礎年金が支給され、厚生年金保険から「**報酬に比例した年金**」が、老齢基礎年金に上乗せされて支給される。

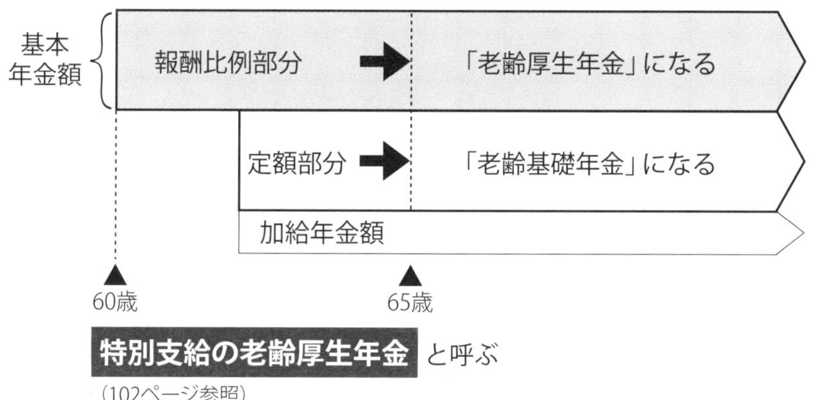

●報酬比例とは？

報酬に比例した年金とは、要するに、会社勤めをしていたときの給与と在職していた期間に比例する形で、老後の年金に反映されるもので、**報酬比例部分**といわれたりする。

給与の高い人、勤続年数が長かった人は、納めた保険料が多くなるため、当然、報酬比例の年金も多くなる。現在、厚生年金保険には70歳まで加入できる（92ページ参照）。長く働けば、もらえる年金を増やすことができる。

03 加入期間が足りない場合は任意加入する

老後の年金をもらうための受給資格期間が足りない人は、資格を満たすまで国民年金に任意加入することです。

年金の受給資格期間が25年から10年に短縮された

かつては、老後の年金をもらうためには、**25年の加入期間**が必要でした。この25年要件を満たさない人は、1円の年金も受給できなかったのですが、この制度が変わりました。

国民年金法等の一部を改正する法律により、老齢基礎年金の受給資格期間が25年から**10年**に短縮されました。平成29年10月から支給が始まったことで、新たに60万人以上の人が年金を受取れるようになったといわれています。

国民年金の任意加入制度について

受給資格期間が25年から10年に短縮されることで、リタイア後に無年金になる人は格段に少なくなったと言えるでしょう。

しかし、自営業（第1号）→会社員（第2号）の履歴の人で、第1号被保険者である自営業のときに、保険料の**未納**が長期間ある場合は、**受給資格期間**を満たせないというケースもあるかもしれません。こんな場合はどうしたらいいのでしょうか？

本来、国民年金の保険料納付は60歳で終了しますが、受給資格期間を満たしていない場合やもらえる年金を増やしたい場合等は、60歳以降に**任意加入**できる制度があります。

1.年金額を増やしたい人は65歳までの間
2.受給資格期間を満たしていない人は70歳までの間

最長で70歳まで加入するチャンスがあります。もう少しで受給資格期間を満たせるという人はあきらめずに、任意加入の制度を利用して、年金受給につなげましょう。

■年金の受給資格と支給開始年齢

老齢基礎年金（昭和16年4月2日以後に生まれた人）

・**支給要件**

保険料納付済期間と保険料免除期間の合計が10年以上あること

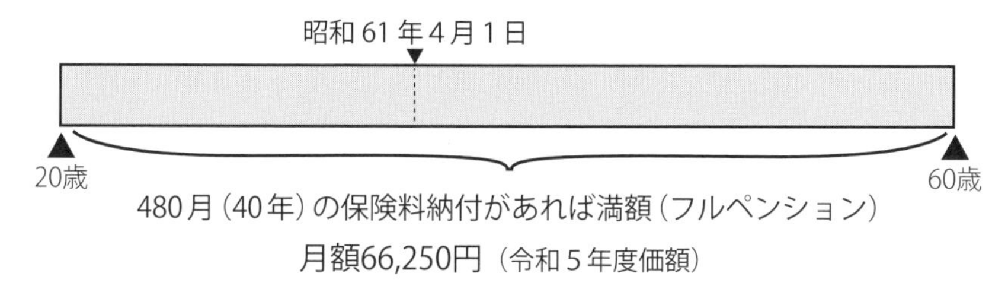

480月（40年）の保険料納付があれば満額（フルペンション）

月額66,250円（令和5年度価額）

・**支給開始年齢**

原則として65歳から

※ただし、60歳から減額された繰上げ支給、66歳から75歳までの希望する年齢から増額される繰下げ支給も請求可能（130ページ参照）。

老齢厚生年金

・**支給要件**

老齢基礎年金の支給要件を満たしていること

※1：厚生年金の被保険者期間が1カ月以上あること
※2：ただし、65歳未満の人に支給する老齢厚生年金（特別支給の老齢厚生年金）については、1年以上の被保険者期間が必要。

・**支給開始年齢**

生年月日、性別により異なる（103ページ参照）

男性：昭和36年4月2日以後生まれ **女性**：昭和41年4月2日以後生まれ	の人は老齢厚生年金の支給は65歳から

■任意加入制度

60歳までに老齢基礎年金をもらう資格である受給資格期間（10年）を満たしていない人、また40年の納付済期間がないため老齢基礎年金を満額受給できない人であって、厚生年金保険に加入していない場合は、60歳以降（申出した月以降）でも国民年金に任意加入することができる。

ただし、さかのぼって加入することはできない。

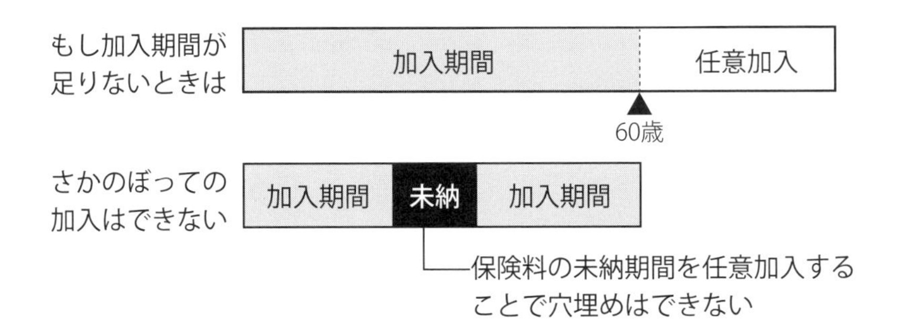

任意加入できるのは、次の期間である。

1. 年金額を増やしたい人は65歳までの間
2. 受給資格期間を満たしていない人は70歳までの間

任意加入被保険者は、第1号被保険者と異なり、国内居住要件がないため、外国に居住する20歳以上65歳未満の日本人の人も任意加入することができる。

なお、保険料の納付方法は、**口座振替**が原則。当然のことながら、保険料の免除はできない。日本国内に居住している人の任意加入の申込窓口は、住所地の市区町村役場である。

なお、60歳以降も継続雇用や再就職をして、厚生年金保険に加入する形で働き続ければ、老齢厚生年金の**経過的加算額**が積み上がるため、数カ月程度の未納期間のために、勤め先を辞めて国民年金の任意加入をするのは得策ではない。

■付加年金（ふかねんきん）のすすめ

任意加入被保険者（65歳以上の人を除く）も、将来受取る年金額を増やすことができる付加保険料を納めることができる（**付加年金**が受取れる）。

任意加入する人は、付加保険料の納付も検討してみる価値あり！

●付加年金とは？

国民年金第1号被保険者、任意加入被保険者は、定額保険料に付加保険料を上乗せして納めることで、受給する年金額を増やせる（付加年金が受取れる）。

- **定額保険料**

令和5年度：月額16,520円

- **付加保険料の月額**

400円

※申込みは、市区町村役場の窓口でできる。

- **付加年金の額**

付加年金額：「200円×付加保険料納付月数」

20歳から60歳までの40年間、付加保険料を納めていた人なら…

200円 × 480月（40年） ＝ 96,000円

50歳から60歳までの10年間、付加保険料を納めていた人なら…

200円 × 120月（10年） ＝ 24,000円

55歳から60歳までの5年間、付加保険料を納めていた人なら…

200円 × 60月（5年） ＝ 12,000円

つまり、何歳から付加保険料を納め始めたとしても、付加保険料を納めた分は、2年間でモトが取れる。ハッキリ言って、付加年金はおいしい！

04 特別支給の老齢厚生年金とは？

60歳代前半にもらえる年金を特別支給の老齢厚生年金といいます。文字どおり"特別に"支給される年金なのです。

65歳より前からもらえる特別支給の老齢厚生年金

原則として、老後の年金は、会社員も自営業者ももらえるのは**65歳**になってからです。わが国の公的年金制度は、65歳から老齢年金の支給開始という仕組み・制度になっているのです。

ただし、従来の老齢厚生年金が60歳から支給開始となっていたため、当面の間は、移行措置として60歳から64歳の間に**"特別支給の老齢厚生年金"**が支給されています。

60歳から64歳の間に支給されるため、特別支給の老齢厚生年金のことを、60歳代前半の老齢厚生年金といったりします。

生年月日が新しいほど特別支給の年金は少なくなる

特別支給の老齢厚生年金をもらうのは、**1年以上**の厚生年金保険への加入が要件となっています。要するに、1年（12カ月）以上、会社勤めをしていた人は、特別支給の老齢厚生年金をもらえるというわけです。年金額は、各人の加入期間や給与等によって違ってきますが。

少し専門的になりますが、特別支給の老齢厚生年金は**定額部分**と**報酬比例部分**の2つに分けられます。男性の場合、これから年金をもらい始める人は、定額部分も、報酬比例部分もありません。

報酬比例部分の支給開始年齢も、生年月日に応じて段階的に引き上げられて行き、最終的にはなくなります。男性：昭和36年4月2日以降生まれ、女性：昭和41年4月2日以降生まれの人は、65歳からの年金支給となっています。

■特別支給の老齢厚生年金

特別支給の老齢厚生年金は「定額部分」と「報酬比例部分」の２つがあり、生年月日と性別により、支給開始年齢が異なる。

昭和16年（女性は昭和21年）４月２日以後に生まれた方は、60歳から65歳になるまでの間、生年月日に応じて、支給開始年齢が引き上げられます。

生年月日（昭和）	60歳	61歳	62歳	63歳	64歳	65歳〜
【男性】16年４月２日〜18年４月１日	報酬比例部分	報酬比例部分	報酬比例部分	報酬比例部分	報酬比例部分	老齢厚生年金
【女性】21年４月２日〜23年４月１日		定額部分	定額部分	定額部分	定額部分	老齢基礎年金
【男性】18年４月２日〜20年４月１日	報酬比例部分	報酬比例部分	報酬比例部分	報酬比例部分	報酬比例部分	老齢厚生年金
【女性】23年４月２日〜25年４月１日			定額部分	定額部分	定額部分	老齢基礎年金
【男性】20年４月２日〜22年４月１日	報酬比例部分	報酬比例部分	報酬比例部分	報酬比例部分	報酬比例部分	老齢厚生年金
【女性】25年４月２日〜27年４月１日				定額部分	定額部分	老齢基礎年金
【男性】22年４月２日〜24年４月１日	報酬比例部分	報酬比例部分	報酬比例部分	報酬比例部分	報酬比例部分	老齢厚生年金
【女性】27年４月２日〜29年４月１日					定額部分	老齢基礎年金
【男性】24年４月２日〜28年４月１日	報酬比例部分	報酬比例部分	報酬比例部分	報酬比例部分	報酬比例部分	老齢厚生年金
【女性】29年４月２日〜33年４月１日						老齢基礎年金
【男性】28年４月２日〜30年４月１日		報酬比例部分	報酬比例部分	報酬比例部分	報酬比例部分	老齢厚生年金
【女性】33年４月２日〜35年４月１日						老齢基礎年金
【男性】30年４月２日〜32年４月１日			報酬比例部分	報酬比例部分	報酬比例部分	老齢厚生年金
【女性】35年４月２日〜37年４月１日						老齢基礎年金
【男性】32年４月２日〜34年４月１日				報酬比例部分	報酬比例部分	老齢厚生年金
【女性】37年４月２日〜39年４月１日						老齢基礎年金
【男性】34年４月２日〜36年４月１日					報酬比例部分	老齢厚生年金
【女性】39年４月２日〜41年４月１日						老齢基礎年金
【男性】36年４月２日〜	←年金は65歳からの世代					老齢厚生年金
【女性】41年４月２日〜						老齢基礎年金

第3章 年金編

05 年金の満額支給は65歳から

老齢基礎年金と老齢厚生年金を合わせてもらえるようになるのは65歳からです。60歳代前半の過ごし方・働き方を考えましょう。

1階部分と2階部分がそろうのは65歳以降

よく年金は難しいとか、制度が複雑だとかいわれますが、その理由は移行措置や特例措置等が数多くあるためです。また、年金が支給される時期やもらえる年金額も人によってまちまちです。100人いれば100とおりの年金（額）になるといっても過言ではありません。

ここでは、前項で説明した**特別支給の老齢厚生年金**についてもう少し掘り下げてみましょう。わかりやすいように、2023年度に60歳になる人の老後の年金を例にとります。

2023年度に60歳の誕生日を迎えるのは、昭和38年4月2日から昭和39年4月1日生まれの人です。

この年代の方は、男性の場合、すでに定額部分、報酬比例部分ともなく、特別支給の老齢厚生年金をもらえません。女性は、63歳から報酬比例の支給があります。このように、移行措置として支給されている特別支給の老齢厚生年金は、もうすぐなくなることがわかります。

男性も女性も、65歳から老齢基礎年金と老齢厚生年金、つまり1階部分と2階部分の年金をそろってもらうようにもうすぐなります。

これから数年後に定年を迎える人は、60歳代前半の年金はありません。60歳で会社を辞めてしまうと、5年間は無収入になります（給与以外に何らかの収入がある人は別ですが）。そう考えると、やはり、年金をもらえる年齢である65歳までは、継続雇用という形でいまの会社で働き続けることができる場合は、65歳まで勤めたほうがいいと思われます。結果的に、65歳以降にもらう年金を増やすこともできます。

■60歳代前半の老齢年金

男性：昭和32年４月２日〜昭和34年４月1日生まれ
女性：昭和37年４月２日〜昭和39年４月1日生まれ　の人の場合

●年金額

定額部分

1,657円 × 生年月日に応じた率×被保険者期間の月数

報酬比例部分

平均標準報酬月額 × $\frac{7.125}{1000}$（生年月日に応じた率） × 平成15年３月までの被保険者期間の月数 ＋

平均標準報酬額 × $\frac{5.481}{1000}$（生年月日に応じた率） × 平成15年４月以降の被保険者期間の月数

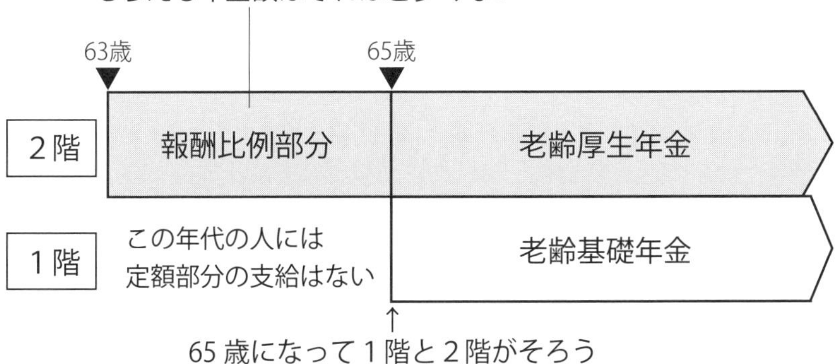

06 自分の年金額はねんきんネットで計算できる

年金事務所に出向かなくても、最新の年金記録は「ねんきんネット」で確認できます。お手持ちのスマホからでもアクセスＯＫ！

「ねんきんネット」で最新の年金記録を確認しよう

日本年金機構の「**ねんきんネット**」サービスをご存じでしょうか？「ねんきんネット」サービスとは、自分の年金記録がいつでもインターネットを介して確認できるというものです。

基礎年金番号を用意して、「**ねんきん定期便**」に記載されている17桁のアクセスキーを使って登録すれば、すぐに利用できる便利なサービスです。

なお、アクセスキーの有効期限は３カ月となっています。アクセスキーをお持ちでない人は、所定の申込み手続きをすれば利用可能となります。

「ねんきんネット」なら年金試算も簡単にできる

ねんきんネットに登録すると、いつでも最新の年金記録を確認できるのが最大のメリットとなります。

年金に加入していない期間や標準報酬月額の変動など、自分が確認したい記録がわかりやすく表示されるため、記録の「もれ」や「誤り」が容易に発見できます。

それから、**年金見込額試算**もできます。年金を受取りながら働き続けた場合の年金額など、自分では計算ができないような年金額を試算することも可能です。将来受取れる年金額を知ることは、自分の人生設計の構築にも役立つわけで、有益な情報になるでしょう。

ねんきんネットはスマートフォンにも対応していますので、パソコンをお持ちでない方でも、スマホからアクセスできます。

■ねんきんネットでできること

- 自分の年金記録の確認
- 将来の年金見込額の確認
- 電子版「ねんきん定期便」の確認
- 年金の支払いに関する通知書の確認　など

■利用対象者

基礎年金番号を持っている人

※昭和 61 年 4 月以前に年金受給権が発生した老齢年金受給者の人は利用できない。

■利用するには？

●ねんきんネットへの登録が必要

ねんきんネットを利用するには、まず利用登録（ユーザＩＤの取得）[※1]をする。

利用登録の際には、基礎年金番号、メールアドレスが必要となる。登録時に年金手帳や基礎年金番号通知書、年金証書など、基礎年金番号が確認できるものを用意して、登録申請を行う。

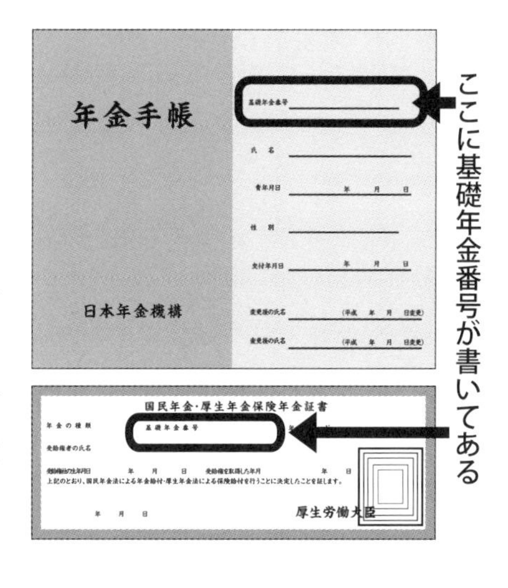

●登録方法

日本年金機構のＨＰにアクセスし、「ねんきんネットご利用登録」を選ぶ。続いて「ねんきんネットでご利用登録（アクセスキーあり）」を選ぶ。[※2]アクセスキーとは、ねんきんネットのユーザＩＤを取得する際に使用する 17 桁の番号であり、この番号を使用して申込みをすれば、即時にユーザＩＤを取得できる。

※1 マイナポータルから登録する場合は、ねんきんネットのユーザIDの取得不要。
※2 アクセスキーは、毎年誕生日月に送付される「ねんきん定期便」内に記載されている（お客様のアクセスキーの箇所）。

■59歳時のねんきん定期便は要チェック

これまでの年金加入期間を確認する。特に、年金加入期間合計と受給資格期間の月数を確認すること。

このページの見方は、見方ガイ

2．これまでの年金加入期間（老齢年金の受け取りには、原則として120月以上の受給資格期間が必要です）

国民年金（a）			付加保険料納付済月数	船員保険（c）	年金加入期間 合計（未納月数を除く）	合算対象期間等	受給資格期間
第1号被保険者（未納月数を除く）	第3号被保険者	国民年金 計（未納月数を除く）			（a＋b＋c）	（d）	（a＋b＋c＋d）
月	月	月	月	月			

厚生年金保険（b）				年金加入期間 合計	合算対象期間等	受給資格期間
一般厚生年金	公務員厚生年金（国家公務員・地方公務員）	私学共済厚生年金（私立学校の教職員）	厚生年金保険 計			
月	月	月	月	月	月	月

3．老齢年金の種類と見込額(年額)（60歳未満の方は現在の加入条件が60歳まで継続すると仮定して見込額を計算しています）

受給開始年齢	歳～	歳～	歳～	歳～
（1）基礎年金				老齢基礎年金 円
（2）厚生年金	特別支給の老齢厚生年金	特別支給の老齢厚生年金	特別支給の老齢厚生年金	老齢厚生年金
一般厚生年金期間		（報酬比例部分）円	（報酬比例部分）円	（報酬比例部分）円
		（定額部分）円	（定額部分）円	（経過的加算部分）円
公務員厚生年金期間	（報酬比例部分）円	（報酬比例部分）円	（報酬比例部分）円	（報酬比例部分）円
	（定額部分）円	（定額部分）円	（定額部分）円	（経過的加算部分）円
	（経過的職域加算額(共済年金)）円	（経過的職域加算額(共済年金)）円	（経過的職域加算額(共済年金)）円	（経過的職域加算額(共済年金)）円
私学共済厚生年金期間	（報酬比例部分）円	（報酬比例部分）円	（報酬比例部分）円	（報酬比例部分）円
	（定額部分）円	（定額部分）円	（定額部分）円	（経過的加算部分）円
	（経過的職域加算額(共済年金)）円	（経過的職域加算額(共済年金)）円	（経過的職域加算額(共済年金)）円	（経過的職域加算額(共済年金)）円
（1）と（2）の合計	円	円	円	円

※年金見込額は今後の加入状況や経済動向などによって変わります。あくまで目安としてください。

老齢年金の見込額が記載される。65歳以降の1年間の受取見込額もわかる。

に記載されている年金情報の一部が
Bサイト（公的年金シミュレーター）で
年金見込額の簡易試算ができます。
(https://nenkin-shisan.mhlw.go.jp)

【備考欄】

ご注意 上記のものは、令和5年度の「ねんきん定期便」（59歳）の様式です。令和6年以降に送付されるものとは体裁等が異なる場合があります。

■ねんきん定期便

節目年齢（35 歳、45 歳、59 歳）に送られて来る「ねんきん定期便」は、内容が詳しいものになっている。とくに年金加入期間、年金見込額、年金加入履歴などは必ず確認しておきたい項目である。

これまでの『年金加入履歴』
表示している『年金加入履歴』に「もれ」や「誤り」がないかご確認ください。
（このページの見方については、見方ガイドの６～７ページをご覧ください。）

①番号	②加入制度	③お勤め先の名称等	④資格を取得した年月日	⑤資格を失った年月日	⑥加入月数
1	厚年	厚生年金保険	平成 4. 4. 1	平成 5. 10. 1	18
		（基金加入期間	平成 4. 4. 1	平成 5. 10. 1	）
2	国年	第１号被保険者	平成 5. 10. 1	平成 7. 4. 1	18
		（空いている期間があります。			）
3	厚年	東京株式会社	平成 7. 10. 1	平成16. 4. 1	102
4	国年	第３号被保険者	平成16. 4. 1		120

すべての年金加入履歴が表示される。
記録に「もれ」や「誤り」がないか確認する。

⑦国民年金（a）											⑧船員保険（c）	
納付済月数	全額免除月数	半額免除月数	４分の３免除月数	４分の１免除月数	学特等月数（うち猶予）	産前産後免除月数	第３号月数	納付済等月数 計	付加保険料納付済月数（※）	未納月数（※）（注）	加入月数	加入期間
14	0	0	0	0	0 （　）		120	134	（ 0 ）	1	0	0

⑨厚生年金保険（b）								⑩年金加入期間合計（※を除く）（a＋b＋c）	⑪合算対象期間等（d）	⑫受給資格期間（a＋b＋c＋d）
一般厚生年金(厚年)		公務員厚生年金（公共）		私学共済厚生年金（私学）		厚生年金保険　計				
加入月数（基金）	加入期間（基金）	加入月数（経過的職域）	加入期間（経過的職域）	加入月数（経過的職域）	加入期間（経過的職域）	加入月数（基金）（経過的職域）	加入期間（基金）（経過的職域）			
120 （ 18 ）	120 （ 18 ）	0 （ 0 ）	0 （ 0 ）	0 （ 0 ）	0 （ 0 ）	120 （ 18 ） （ 0 ）	120 （ 18 ） （ 0 ）	254	3 （　）	257

第3章　年金編

07 会社員は20年やるべきか？

老齢厚生年金には「加給年金」という家族手当のようなものが加算されます。扶養家族がいる人には、うれしい制度です。

扶養家族がいると年金が増額される

妻や子供などの扶養家族がいると、会社からもらう給与に家族手当が付きますが、実は年金も同じです。

65歳未満の配偶者、18歳に達する日以後の最初の3月31日までの間にある子（20歳未満で障害等級の1級もしくは2級に該当する障害の状態にある子）を扶養している場合は、老齢厚生年金に加算があり、年金が増えます。

いわゆる**加給年金**（かきゅうねんきん）と呼ばれるものです。

「18歳に達する日以後の最初の3月31日までの間にある子」とは、要するに、高校を卒業するまでの子です。

配偶者の加給年金には特別加算もある

配偶者に対する加給年金の額は、年間228,700円。子に対する加給年金は2人まで228,700円、3人目以降76,200円ずつ加算されます。さらに配偶者の加給年金には、年金受給権者の生年月日に応じた**特別加算**もあります。昭和18年4月2日以後に生まれた人の場合、168,800円が加算されますから、本来の加給年金と合わせると、228,700円＋168,800円＝397,500円になります。

何ともお得な加給年金ですが、誰にでも加算されるわけではなく、厚生年金保険に**20年以上**加入していることが要件となっています。18年、19年の加入期間ではダメなのです。ですから、会社員は20年やって、加給年金を付けてもらえる権利を得てから辞めたほうがいいのです。あともう少しで20年になるという人は、退職時期を後にずらしたほうがいいでしょう。

■加給年金とは？

加給年金は、厚生年金保険の被保険者期間が20年以上ある者が、65歳到達時点*で、その者に生計を維持されている配偶者または子がいるときに加算される。

＊または定額部分支給開始年齢に到達した時点

対象者	加給年金額	年齢制限
配偶者	228,700円	65歳未満であること
1人目、2人目の子	各228,700円	18歳到達年度の末日までの間の子*
3人目以降の子	各76,200円	18歳到達年度の末日までの間の子*

＊または1級・2級の障害の状態にある20歳未満の子

配偶者加給年金額の特別加算額

老齢厚生年金を受けている者の生年月日に応じて、配偶者の加給年金額に33,800円～168,800円が特別加算される。

受給権者の生年月日	特別加算額	加給年金額の合計額
昭和9年4月2日～昭和15年４月1日	33,800円	262,500円
昭和15年4月2日～昭和16年４月1日	67,500円	296,200円
昭和16年4月2日～昭和17年４月1日	101,300円	330,000円
昭和17年4月2日～昭和18年４月1日	135,000円	363,700円
昭和18年4月2日以後	168,800円	397,500円

08 年金支給は偶数月で年６回

年金は１年に１回支払われるものではなく、年６回に分けて支給されます。年金生活に入ったら、計画的にお金を使いましょう。

前２カ月分の年金を今月もらう

年金は年６回､つまり２カ月に１回､支払いが行われます。支払い月は、**2月、4月、6月、8月、10月、12月**の偶数月です。それぞれの支払い月には、その前月までの２カ月分の年金が支払われます。

２月に支払われる年金は、前年の12月、１月の２カ月分。４月に支払われる年金は、２月、３月の２カ月分というわけです。

偶数月に“前月”までの年金を今月もらうという感覚です。

年金支給日は偶数月の15日

公的年金の支給日は法律によって定められています。年金の支給日は、支払い月の**15日**です。15日が土曜日・日曜日または祝日のときは、その直前の平日が年金支給日となります。

例えば、15日が土曜日にあたる場合は、14日の金曜日が支給日です。金融機関が休みのときは、その前日と思ってください。

それから、年金には老齢・障害・遺族の３種類がありますが、支給日は年金の種類に関係なく、同じとなっています。老齢年金と遺族年金が併給されているような人でも、同じ日に年金が支給されます。ちなみに、老齢と遺族のように年金の種類が異なる場合は、老齢年金はＡ銀行、遺族年金はＢ銀行に振り分けて振込みしてもらうことが可能です。当面の生活費は老齢年金を使い、遺族年金の分は貯金しようかなと考えている人は、振込先を分けるといいのではないでしょうか。

■年金支給月と支払対象月

年金の支給は、年6回に分けて行われる。

支払月は、2月、4月、6月、8月、10月、12月の偶数月に、それぞれその前月までの2カ月分の年金支給がされる（例：4月支給は2・3月分）。

2月	3月	4月
		▲ 4月15日 （2・3月分の年金が振り込まれる）

●老齢基礎年金の場合

66,250円（月額：令和5年度価額）×2＝132,500円

1回あたりおよそ13万円程の年金が振り込まれることになる。

■年金は支払い月の15日に振り込まれる

15日が土・日曜日、祝日のときは、その直前の平日に振り込まれる。

2023年（令和5年）	2月15日（水）
	4月14日（金）
	6月15日（木）
	8月15日（火）
	10月13日（金）
	12月15日（金）

第3章 年金編

09 年金は請求しなければもらえない

黙っているともらえないのが年金です。年金請求に必要な申請手続きについて、よく確認をしておきましょう。

年金請求書を提出しないと年金がもらえない

年金は、65歳（それよりも前のケースもあり）になったら自動的にもらえるようになるものではありません。

前述したように、特別支給の老齢厚生年金（102ページ参照）を受給できる年齢は性別・生年月日により変わってきますので、まずは自分が何歳から年金をもらえるようになるのか確認することです。

そして、年金をもらえる年齢に達したら、受給するための申請手続きを行います。手続きといっても、さして難しいことではなく、年金事務所へ「**年金請求書**」を提出するだけです。

請求書の書き方や用意する添付書類は、人によって異なることもあるので、わからないことや不明な点、確認したいことがあったら、年金事務所の窓口で聞きましょう。

年金請求書の事前送付

通常は、受給資格（98ページ参照）を満たしている人には、支給開始年齢に到達する**3カ月前**に、あらかじめ氏名や住所、加入記録などが印字されている年金請求書が日本年金機構から送られてきます。

この請求書を提出すればよいので、請求手続きは非常に楽です。書面の作成に手間取ることもないと思います。

もし、年金請求書が送られてこないような場合でも、年金事務所に備え付けられている用紙を使用することで、請求できますのでご安心ください。年金請求できる年齢に達したら、いつでも請求可能です。なお、年金受給の消滅時効は５年です。速やかに、請求手続きを済ませるようにしましょう。

■年金請求書の提出

年金請求書は、添付書類とともに年金事務所へ郵送するか、年金事務所や街角の年金相談センターの窓口へ持参する。

●添付書類について

添付書類は、個々人の事情によって異なるため、自分の場合は何が必要なのか、よく確認したうえ、過不足なく用意する。

参考　①と②はすべての人が必要。
③、④は配偶者がいる人は必要になる添付書類である。

①本人の生年月日を明らかにすることができる書類

配偶者と本人の身分関係を明らかにすることができる書類

・戸籍の抄本（戸籍の一部事項証明書）

・戸籍の謄本（戸籍の全部事項証明書）

のいずれかの書類

②受取先金融機関の通帳等（本人名義）

カナ氏名、金融機関名、支店番号、口座番号が記載された部分を含む預金通帳またはキャッシュカード（コピー可）

※以下の場合は、添付不要

・「年金請求書」１ページ２に金融機関の証明を受けた場合

・「年金請求書」１ページ２の受取機関欄に☑を記入し、公金受取口座を指定する場合

③世帯全員の住民票

※本人の戸籍の抄本（戸籍の一部事項証明書）を添付する人は、住民票の筆頭者欄に記載があるもの

④配偶者の基礎年金番号通知書または年金手帳等の基礎年金番号を明らかにすることができる書類（コピー可）

第3章　年金編

記入例

■年金請求書 1面

様式第101号

年金請求書（国民年金・厚生年金保険老齢給付）

●年金を受ける方が記入する箇所は［　］（黄色）の部分です。（（注）［　］は金融機関で証明を受ける場合に使用する欄です。）
●黒インクのボールペンで記入してください。鉛筆や、摩擦に伴う温度変化等により消色するインクを用いたペンまたはボールペンは、使用しないでください。
●代理人の方が提出する場合は、年金を受ける方が13ページにある委任状をご記入ください。

受付登録コード
1711

入力処理コード
430001

二次元コード

❽ 市区町村 受付年月日　　実施機関等 受付年月日

1．ご本人（年金を受ける方）について、太枠内をご記入ください。

㉓郵便番号	175-0094		
フリガナ	イタバシ　ナリマス		
㉔住所	板橋（区）成増 9-10-11　建物名		
フリガナ	サトウ	ジロウ	性別
㉑氏名	（氏）佐藤	（名）二郎	1.（男）2. 女

社会保険労務士の提出代行者欄

❶個人番号※（または基礎年金番号）	1234567XXX	❷生年月日	大正（昭和）○年○月○日
電話番号1	03－0000－0000	電話番号2	090－0000－0000

※個人番号（マイナンバー）については、14ページをご確認ください。
※基礎年金番号（10桁）で届出する場合は左詰めでご記入ください。
＊日中に連絡が取れる電話番号（携帯も可）をご記入ください。
＊予備の電話番号（携帯も可）があればご記入ください。

2．年金の受取口座をご記入ください。

貯蓄預金口座または貯蓄貯金口座への振込みはできません。

㉕受取機関　※
（1.）金融機関（ゆうちょ銀行を除く）
2. ゆうちょ銀行（郵便局）
□ 公金受取口座として登録済の口座を指定

フリガナ	サトウ	ジロウ
口座名義人氏名	（氏）佐藤	（名）二郎

※ 1または2に○をつけ、希望する年金の受取口座を下欄に必ずご記入ください。
※ また、指定する口座が公金受取口座として登録済の場合は、☑してください。（公金受取口座については、20ページをご参照ください。）

年金送金先

金融機関	㉖金融機関コード	㉘支店コード	（フリガナ）トウキョウ 東京 （銀行）金庫 信組 農協 信連 信漁連 漁協	（フリガナ）ナリマス 成増 本店（支店）出張所 本所 支所	㉙預金種別 （1普通）2当座	㉚口座番号（左詰めで記入） 1234XX

金融機関またはゆうちょ銀行の証明欄 ※
1ページの氏名フリガナと、口座名義人氏名フリガナが同じであることをご確認ください。

ゆうちょ銀行	㉚貯金通帳の口座番号	
	記号（左詰めで記入）	番号（右詰めで記入）
	→	

金融機関の証明印（通帳・キャッシュカードの写しを添付すれば証明印は不要）。

1

■年金請求書 3面

3．これまでの年金の加入状況についてご記入ください。

(1)次の年金制度の被保険者または組合員となったことがある場合は、枠内の該当する記号を○で囲んでください。

㋐ 国民年金法	カ．私立学校教職員共済法
㋑ 厚生年金保険法	キ．廃止前の農林漁業団体職員共済組合法
ウ．船員保険法（昭和61年4月以後を除く）	ク．恩給法
エ．国家公務員共済組合法	ケ．地方公務員の退職年金に関する条例
オ．地方公務員等共済組合法	コ．旧市町村職員共済組合法

過去に加入した年金制度すべてを○で囲む。

(2)年金制度の被保険者または組合員となったことがある場合は、下記の履歴…

履　歴(公的年金制度加入経過)
※できるだけ詳しく、正確にご記入ください。

	(1)事業所(船舶所有者)の名称および船員であったときはその船舶名	(2)事業所(船舶所有者)の所在地または国民年金加入時の住所	(3)勤務期間または国民年金の加入期間	(4)加入していた年金制度の種類	(5)備　考
最初		板橋区成増9-10-11	○・4・1から ○・3・31まで	①国民年金 2.厚生年金保険 3.厚生年金(船員)保険 4.共済組合等	
2	赤羽不動産(株)	北区赤羽東1-2-3	○・4・1から ○・4・1まで	1.国民年金 ②厚生年金保険 3.厚生年金(船員)保険 4.共済組合等	
3	彩図不動産(株)	豊島区南大塚3-24-1	○・4・1から 在職中まで	1.国民年金 ②厚生年金保険 3.厚生年金(船員)保険 4.共済組合等	
4			・・から ・・まで	1.国民年金 2.厚生年金保険 3.厚生年金(船員)保険 4.共済組合等	
5			・・から ・・まで	1.国民年金 2.厚生年金保険 3.厚生年金(船員)保険 4.共済組合等	
6			・・から ・・まで	1.国民年金 2.厚生年金保険 3.厚生年金(船員)保険 4.共済組合等	
7			・・から ・・まで	1.国民年金 2.厚生年金保険 3.厚生年金(船員)保険 4.共済組合等	
8			・・から ・・まで	1.国民年金 2.厚生年金保険 3.厚生年金(船員)保険 4.共済組合等	
9			・・から ・・まで	1.国民年金 2.厚生年金保険 3.厚生年金(船員)保険 4.共済組合等	
10			・・から ・・まで	1.国民年金 2.厚生年金保険 3.厚生年金(船員)保険 4.共済組合等	

(3)改姓・改名をしているときは、旧姓名および変更した年月日をご記入ください。

旧姓名	(フリガナ) (氏)	(名)
変更日	昭和・平成・令和　年　月　日	

旧姓名	(フリガナ) (氏)	(名)
変更日	昭和・平成・令和　年　月　日	

3

■年金請求書 5面

(4)**20歳から60歳までの期間で年金に加入していない期間がある場合は、その期間を下欄にご記入ください。**

※この欄と、下の(5)については保険料納付済期間(厚生年金保険や共済組合等の加入期間を含む)および保険料免除期間の合計が25年以上ある方は記入不要です。

	20歳~60歳の加入していない期間	年齢	左ページの該当番号	学校や勤め先等(自営業、専業主婦等)	住所(市区町村)	婚姻、配偶者の勤め先
1	(自) (至)	歳 ～ 歳				
2	(自) (至)	歳 ～ 歳				
3	(自) (至)	歳 ～ 歳				
4	(自) (至)	歳 ～ 歳				
5	(自) (至)	歳 ～ 歳				
6	(自) (至)	歳 ～ 歳				
7	(自) (至)	歳 ～ 歳				
8	(自) (至)	歳 ～ 歳				
9	(自) (至)	歳 ～ 歳				
10	(自) (至)	歳 ～ 歳				

(5)配偶者(であった方も含みます)の氏名、生年月日、基礎年金番号をご記入ください。
なお、婚姻履歴が複数ある場合は、任意の用紙にご記入ください。
※9ページ5(1)にご記入いただく場合は記入不要です。

カナ氏名　(　　　　　　　　)
漢字氏名　(　　　　　　　　)
生年月日　明治　大正　昭和　平成　(　　)年(　　)月(　　)日
基礎年金番号(　　　　－　　　　) ※基礎年金番号はわかる範囲でご記入ください。

この欄は、過去の配偶者について記入する

5

■年金請求書 7面

4．現在の年金の受給状況等および雇用保険の加入状況についてご記入ください。

(1)現在、左の6ページ(表1)のいずれかの制度の年金を受けていますか。該当する番号を○で囲んでください。

1．受けている(全額支給停止の場合を含む)　(2.) 受けていない　3．請求中

①「1．受けている」を○で囲んだ方

公的年金制度名(表1より記号を選択)	年金の種類	(自)　年　月	㊽ 年金証書の年金コード(4桁)または記号番号等
	・老齢または退職 ・障害 ・遺族	昭和 平成　年　月 令和	
	・老齢または退職 ・障害 ・遺族	昭和 平成　年　月 令和	
	・老齢または退職 ・障害 ・遺族	昭和 平成　年　月 令和	

②「3．請求中」を○で囲んだ方

公的年金制度名(表1より記号を選択)	年金の種類
	・老齢または退職 ・障害 ・遺族

↓加入した年金制度が国民年金のみの方は、次の(2)、(3)の記入は不

(2)雇用保険に加入したことがありますか。「はい」または「いいえ」を○

(はい)　・　いいえ

①「はい」を○で囲んだ方
雇用保険被保険者番号(10桁または11桁)を**左詰めでご記入**ください。
最後に雇用保険の被保険者でなくなった日から7年以上経過している
下の「事由書」の「ウ」を○で囲み、氏名をご記入ください。

㉒ 雇用保険被保険者番号	1	2	3	4	1	2	3	4	X	X	X

雇用保険に加入したことがある人は「はい」を○で囲み、雇用保険被保険者番号を記入する。

②「いいえ」を○で囲んだ方
下の「事由書」の「ア」または「イ」を○で囲み、氏名をご記入ください。

事由書

私は以下の理由により、雇用保険被保険者証等を添付できません。
(該当する項目を○で囲んでください。)

ア．雇用保険の加入事業所に勤めていたが、雇用保険の被保険者から除外されていたため。
雇用保険法による適用事業所に雇用される者であるが、雇用保険被保険者の適用除外であり、雇用保険被保険者証の交付を受けたことがない。(例　事業主、事業主の妻等)

イ．雇用保険に加入していない事業所に勤めていたため。
雇用保険法による適用事業所に雇用されたことがないため、雇用保険被保険者証の交付を受けたことがない。

ウ．最後に雇用保険の被保険者でなくなった日から7年以上経過しているため。
過去に雇用保険被保険者証の交付を受けたが、老齢厚生年金の年金請求書受付日において、最後に雇用保険被保険者の資格を喪失してから7年以上経過している。

氏名＿＿＿＿＿＿＿＿

(3)60歳から65歳になるまでの間に、雇用保険の基本手当(船員保険の場合は失業保険金)または高年齢雇用継続給付を受けていますか(または受けたことがありますか)。「はい」または「いいえ」を○で囲んでください。

(はい)　・　いいえ　　＊これから受ける予定のある方は、年金事務所等にお問い合わせください。

7

第3章　年金編

■年金請求書 9面

5．配偶者・子についてご記入ください。

配偶者はいますか	(はい)・いいえ

「はい」または「いいえ」を○で囲…「はい」の場合は(１)をご記入く…

配偶者について記入する。

(1)配偶者についてご記入ください。

①配偶者の氏名、生年月日、個人番号または基礎年金番号、性別についてご記入ください。

31 氏名	(フリガナ) サトウ (氏) 佐藤	トモコ (名) 智子	4 生年月日	大正 (昭和) 平成	○年 ○月 ○日
3 個人番号※（または基礎年金番号）	9 8 7 6 5 4 3 2 1 X X X		性別	1．男 (2.) 女	

※個人番号(マイナンバー)については、14ページ をご確認ください。
※基礎年金番号(10桁)で届出する場合は左詰めでご記入ください。

②配偶者の住所がご本人(年金を受ける方)の住所と異なる場合は、配偶者の住所をご記入ください。

郵便番号	−
住所	(フリガナ) 市 区 町 村 建物名

③配偶者は現在、左の８ページの表１に記載されている年金を受けて…

1．老齢・退職の年金を受けている　3．請求中
2．障害の年金を受けている　(4.) いずれも受けていない

現在、年金を受けていなければ「4」を○で囲む。

1．または2．を○で囲んだ方

4．を○で囲んだ方

下の(２)へお進みください。

3．…

請求中の公的年金制度名(8ページ表1より記号を選択)	年金の種類
	・老齢または退職 ・障害

公的年金制度名(8ページ表1より記号を選択)	年金の種類	(自)　年　月	47 年金証書の年金コード(4桁)または記号番号等
	・老齢または退職 ・障害	昭和 平成 令和　年　月	
	・老齢または退職 ・障害	昭和 平成 令和　年　月	
	・老齢または退職 ・障害	昭和 平成 令和　年　月	

(2)左の８ページ「子の年齢要件ａまたはｂ」に該当する子がいる場合には、氏名、生年月日、個人番号および障害の状態についてご記入ください。
（３人目以降は余白にご記入ください。）

32 子の氏名	(フリガナ) (氏)	(名)	32 生年月日	平成 令和　年　月　日	32 診
			障害の状態	ある　ない	
個人番号					
33 子の氏名	(フリガナ) (氏)	(名)	33 生年月日	平成 令和　年　月　日	33 診
			障害の状態	ある　ない	
個人番号					

9

■年金請求書 11面

6．加給年金額に関する生計維持の申し立てについてご記入ください。

9ページで記入した配偶者または子と生計を同じくしていることを申し立てる。

請求者氏名	佐藤 二郎

【生計維持とは】
以下の２つの要件を満たしているとき、「生計維持されている」といいます。

①生計同一関係があること
例）・住民票上、同一世帯である。
・単身赴任、就学、病気療養等で、住所が住民票上は異なっているが、生活費を共にしている。

②配偶者または子が収入要件を満たしていること
年収850万円(所得655.5万円)を将来にわたって有しないことが認められる。

ご本人(年金を受ける方)によって、生計維持されている配偶者または子がいる場合

(１)該当するものを○で囲んでください(３人目以降の子については、余白を使用してご記入ください)。

配偶者または子の年収は、850万円(所得655.5万円)未満ですか。		機構確認欄
配偶者について	(はい)・いいえ	(　)印
子(名：　　　)について	はい・いいえ	(　)印
子(名：　　　)について	はい・いいえ	(　)印

(２)（１)で配偶者または子の年収について「いいえ」と答えた方は、配偶者または子の年収がこの年金の受給権(年金を受け取る権利)が発生したときから、おおむね５年以内に850万円(所得655.5万円)未満となる見込みがありますか。
該当するものを○で囲んでください。

はい・いいえ	機構確認欄	(　)印

「はい」を○で囲んだ方は、添付書類が必要です。

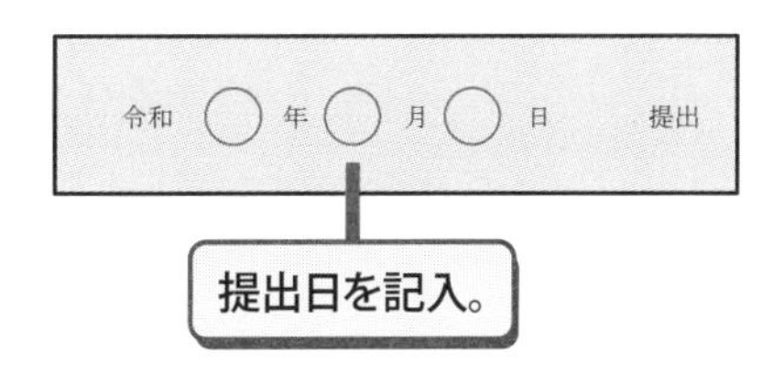

11

第3章 年金編

■年金請求書 13面

7．代理人に手続きを委任される場合にご記入ください。

委任状

代理人 ＊ご本人(委任する方)がご記入ください。

フリガナ / 氏名		ご本人との関係	
住所	〒　－　電話(　)　－ 建物名		

13ページの委任状は、代理人に手続きを任せる場合に記入する。

作成日	令和　年　月　日

ご本人 ＊ご本人(委任する方)がご記入ください。

基礎年金番号	－		
フリガナ / 氏名	(旧姓　)	生年月日	大正 昭和　年　月　日
住所	〒　－　電話(　)　－ 建物名		
委任する内容	●委任する事項を次の項目から選んで○で囲んでください。5.を選んだ場合には委任する内容を具体的にご記入ください。 1．年金および年金生活者支援給付金の請求について 2．年金および年金生活者支援給付金の見込額について 3．年金の加入期間について 4．各種再交付手続きについて 5．その他(具体的にご記入ください。) (　) ●「年金の加入期間」や「見込額」などの交付について A．代理人に交付を希望する　B．本人あて郵送を希望する　C．交付を希望しない		

※前頁の注意事項をお読みいただき、記入漏れのないようにお願いします。
なお、委任状の記入内容に不備があったり、本人確認ができない場合はご相談に応じられないことがあります。

13

■年金請求書 15面

機構独自項目

入力処理コード
4 3 0 0 0 1

年金コード
1 1 5 0

作成原因	⑦ 進達番号
⑥ 01	

●ご本人(年金を受ける方)が記入する箇所は ［　　］(黄色)の部分です。

1．ご本人(年金を受ける方)について、ご記入ください。

(1)基礎年金番号と異なる記号番号の年金手帳等をお持ちの場合は、その年金手帳等の記号番号をすべてご記入ください。

厚生年金保険 国民年金 船員保険 の 手帳記号番号	ー	ー
	ー	ー

(2)以下の項目に該当しますか。「はい」または「いいえ」を○で囲んでください。

1	国民年金、厚生年金保険、または共済組合等の障害給付の受給権者で国民年金の任意加入をした方は、その期間について特別一時金を受けたことがありますか。	はい・(いいえ)
2	昭和36年4月1日から昭和47年5月14日までに沖縄に住んでいたことがありますか。	はい・(いいえ)

2．配偶者についてご記入ください。

配偶者について、基礎年金番号と異なる記号番号の年金手帳等をお持ちの場合は、その年金手帳等の記号番号をすべてご記入ください。

厚生年金保険 国民年金 船員保険 の 手帳記号番号	ー	ー
	ー	ー

3．その他の年金加入情報等についてご記入ください。

(1)個人で保険料を納める第四種被保険者、船員保険の年金任意継続被保険者となったことがありますか。　はい・(いいえ)

①「はい」と答えたときは、その保険料を納めた年金事務所(社会保険事務所)の名称をご記入ください。

②その保険料を納めた期間をご記入ください。　昭和/平成　年　月　日から　昭和/平成　年　月　日

③第四種被保険者(船員年金任意継続被保険者)の整理記号番号をご記入ください。　記号　　番号

(2)現在、次の年金または恩給のいずれかを受けることができる方は、その番号を○で囲んでください。

1 地方公務員の恩給　2 恩給法(改正前の執行官法附則第13条において、その例による場合を含む)による普通恩給
3 日本製鉄八幡共済組合の老齢年金または養老年金　4 旧外地関係または旧陸海軍関係共済組合の退職年金給付

15

第3章 年金編

■年金請求書 17面

4．振替加算に関する生計維持の申し立てについてご記入ください。

9ページで記入した配偶者と生計を同じくしていることを申し立てる。

請求者氏名	

自分が振替加算をもらえる場合は記入する（もらえない場合は記入不要）。

【生計維持とは】
以下の２つの要件を満たしているとき、「生計維持されている」といいます。

①生計同一関係があること
例）・住民票上、同一世帯である。
・単身赴任、就学、病気療養等で、住所が住民票上は異なっているが、生活費を共にしている。

②ご本人(年金を受ける方)が収入要件を満たしていること
年収850万円(所得655.5万円)を将来にわたって有しないことが認められる。

ご本人(年金を受ける方)が配偶者によって生計維持されている場合

該当するものを○で囲んでください。
（1）ご本人(年金を受ける方)の年収は 850万円(所得655.5万円)未満ですか。

はい　・　いいえ	機構確認欄	(　　)印

（2）（1）で「いいえ」を○で囲んだ方は、ご本人の年収がこの年金の受給権(年金を受け取る権利)が発生したときから、おおむね 5年以内に 850万円(所得655.5万円)未満となる見込みがありますか。

はい　・　いいえ	機構確認欄	(　　)印

「はい」を○で囲んだ方は、添付書類が必要です。

年金事務所等の確認事項	
ア．健保等被扶養者(第3号被保険者)	エ．義務教育終了前
イ．加算額または加給年金額対象者	オ．高等学校等在学中
ウ．国民年金保険料免除世帯	カ．源泉徴収票・所得証明等

令和　　年　　月　　日　提出

17ページは、自分が振替加算をもらえる場合に記入する。

17

■年金請求書 19面

5. 公的年金等の受給者の扶養親族等申告書についてご記入ください。

提出年	令和　○　年	提出日	令和　年　月　日提出

1150

（1） ご本人（年金を受ける方）の氏名、生年月日、住所、基礎年金番号を記入してください。
ご本人自身が障害者・寡婦等に該当しない場合は、下記事項を○で囲む必要はありません。

氏名	（フリガナ）サトウ　シロウ （氏）佐藤　（名）二郎	生年月日	1明 3大 5昭　○年 ○月 ○日
住所	（フリガナ）イタバシ　ナリマス 板橋 市区町村 成増9-10-11　建物名		
郵便番号	175-0094	電話番号	03-0000-0000
基礎年金番号	1234-567XXX		
う 本人障害	1. 普通障害 2. 特別障害	え 寡婦等	1. 寡婦　2. ひとり親 地方税控除（退職所得を除く） 4. 寡婦　5. ひとり親
お 本人所			

年金を受ける本人について記入する。

（2） 上記の提出年の扶養親族等の状況についてご記入ください。
うかきく については「摘要」欄に記入が必要な場合があります。18ページの各欄の説明をご覧ください。
（ご本人に控除対象配偶者や扶養親族がない場合は、下記事項を記入する必要はありません）

	フリガナ 氏名 / 個人番号（マイナンバー）	続柄	生年月日 / 種別	う 障害	か 同居・別居の区分 / 非居住者	きく 所得金額
あ 源泉控除対象配偶者または障害者に該当する同一生計配偶者	サトウ トモコ 佐藤智子 987654321XXX	1. 夫 2. 妻	1明 3大 5昭 7平　○年○月○日 2. 老人	1. 普通障害 2. 特別障害	1. 同居 2. 別居 1. 非居住	0 万円（年間）
	配偶者の区分：収入が年金のみで、以下のいずれかに該当する。 1. 65歳以上の場合、年金額が158万円以下 2. 65歳未満の場合、年金額が108万円以下			機構使用欄（本人所得と配偶者所得、退職所得の有無から該当するコードを記載）		
い 控除対象扶養親族（16歳以上）			1明 3大　年 月 日 1. 特定 2. 老人	1. 普通障害 2. 特別障害	1. 同居 2. 別居 1. 非居住	万円（年間）
			1明 3大 5昭 7平 9令　年 月 日 1. 特定 2. 老人	1. 普通障害 2. 特別障害	1. 同居 2. 別居 1. 非居住	万円（年間）
扶養親族（16歳未満）			7平成 9令和　年 月 日	1. 普通障害 2. 特別障害	1. 同居 2. 別居 1. 非居住	万円（年間）
			7平成 9令和　年 月 日	1. 普通障害 2. 特別障害	1. 同居 2. 別居 1. 非居住	万円（年間）
うかきく 摘要						

扶養親族について記入する。

＊提出年より前に年金が受けられる場合は、過去の年分の扶養親族等申告書をすべて提出していただくことになります。
（申告書は年金事務所に用意してあります）
＊「扶養親族（16歳未満）」欄は、地方税法第45条の3の3および第317条の3の3の規定による「公的年金等受給者の扶養親族申告書」の記載欄を兼ねています。
＊控除対象配偶者や扶養親族の個人番号を確認する書類は提出する必要はありません。

（年金の支払者） 官署支出官 厚生労働省年金局事業企画課長　法人番号 6000012070001

19

第3章 年金編

年金請求書の事前送付について

■いつ、誰に対して送付されるのか？

年金の受給資格を満たしている人には、日本年金機構から「年金請求書（事前送付用）」が送付される。

支給開始年齢に達し、特別支給の老齢厚生年金を受取る権利が発生する方に対し、支給開始年齢に到達する3カ月前に、基礎年金番号、氏名、生年月日、性別、住所及び年金加入記録をあらかじめ印字した「年金請求書（事前送付用）」及び「年金の請求手続きのご案内」が本人あてに送付される（114ページ参照）。		
65歳に老齢基礎年金、老齢厚生年金の受給権が発生する人	→	65歳に到達する3カ月前に年金加入記録等をあらかじめ印字した「年金請求書（事前送付用）」が本人あてに送付される。
特別支給の老齢厚生年金の受給権があるにもかかわらず、未だ年金の決定がされていない人	→	65歳に到達する3カ月前に年金加入記録等をあらかじめ印字した「年金請求書（事前送付用）」が本人あてに送付される。

【事前送付用封筒　年金請求書（事前送付用）】

年金が受給できる年齢になると、誕生日の3カ月前に郵送されてくる。

ご注意

「年金請求書（事前送付用）」は、再発行されない。もし、紛失したり、書き損じた場合は、日本年金機構のＨＰからダウンロードするか、年金事務所で年金請求書を入手する。

【送付実施機関：日本年金機構】

年金請求書（国民年金・厚生年金保険老齢給付）

● この年金請求書には、日本年金機構でお預かりしている情報をあらかじめ印字しています。
印字内容が異なっている場合は、二重線を引いて訂正してください。
（訂正した箇所については別途手続きが必要ですので、年金事務所等にご連絡ください）

● 記入する箇所は　の部分です。（（注）　は金融機関で証明を受ける場合に使用する欄です。）

● 黒インクのボールペンでご記入ください。鉛筆や、摩擦に伴う温度変化等により消色するインクを用いたペンまたはボールペンは、使用しないでください。

● 代理人の方が提出する場合は、ご本人（年金を受ける方）が12ページにある委任状をご記入ください。

1．ご本人（年金を受ける方）の印字内容を確認のうえ、太枠内をご記入ください。

郵便番号
フリガナ
住所
フリガナ
氏名
性別

氏名欄
社会保険労務士の提出代行者欄

基礎年金番号
生年月日
電話番号1
電話番号2

＊日中に連絡が取れる電話番号（携帯も可）をご記入ください。
＊予備の電話番号（携帯も可）があればご記入ください。

2．年金の受取口座をご記入ください。　貯蓄預金口座または貯蓄貯金口座への振込みはできません。

口座名義人 氏名

口座番号（左詰めで記入）

貯金通帳の口座番号

年金請求書（事前送付用）の発送元

年金加入記録	特別支給の老齢厚生年金の支給開始年齢到達時	65歳で受給権が発生する人
厚生年金・国民年金期間のみ	日本年金機構から送付	
最終記録が厚生年金期間 （厚生年金・共済組合・国民年金の記録が混在している人）	日本年金機構から送付	
最終記録が共済組合期間 （厚生年金・共済組合・国民年金の記録が混在している人）	共済組合から送付	日本年金機構から送付
共済組合期間のみ	共済組合から送付	

■年金に関するお知らせ（はがき）

65歳から老齢基礎年金、老齢厚生年金の受給権（年金を受取る権利）が発生する方に対し、60歳到達月の3カ月前に、年金の受給資格がある旨及び特別支給の老齢厚生年金の受給権について記載した「年金に関するお知らせ（はがき）」が日本年金機構から本人あてに送付される。

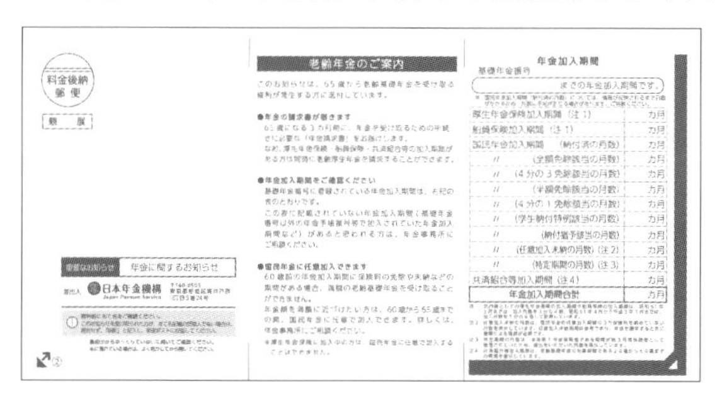

年金に関する
お知らせ（はがき）
見本

■年金請求書の提出先

年金請求書は、添付書類と一緒に年金事務所に郵送するか、年金事務所もしくは街角の年金相談センターへ提出する。

↓受給権が確認されると

1～2カ月後に「年金証書・年金決定通知書」が送付される。

10 働きながら年金をもらう在職老齢年金の仕組み

70歳未満で、厚生年金保険に加入して働いていると、年金の一部または全額が支給停止となる場合があります。

在職老齢年金が見直された

会社勤めをしている70歳未満の人が年金をもらいながら、給与を得ていると、年金額と報酬額（給与・賞与）によっては、年金の一部または全額が支給停止になることがある、これが**在職老齢年金**と呼ばれるものです。

この在職老齢年金制度が2022（令和4）年4月から変わりました。60歳以上65歳未満の在職老齢年金について、年金の支給停止基準額が見直され、28万円から47万円（当時）に緩和されたのです。これにより、在職老齢年金＝年金減額というイメージは、かなり薄らいだと言えるでしょう。

在職老齢年金の計算式は割と簡単

在職老齢年金の計算と仕組みについて簡単に説明します。

Ⓐ【基本月額】
老齢厚生年金÷12

Ⓑ【総報酬月額相当額】
その月の標準報酬月額＋
(その月以前1年間の標準賞与額の合計÷12)

A＋B≦48万円の場合　年金の支給停止なし

多額の年金や報酬をもらっている人はともかく、たいていの人の場合、**A＋B≦48万円**になるような働き方をすれば、年金の支給停止なし。つまり、年金を減額されることはありません。

自分の場合はどうなるか、ざっくりと計算する場合は「1月あたりの年金」と「（直近１年間の）ボーナス込みの１月あたりの給与」を合計した収入が48万円以下であれば、年金を減額されることなく受取れます。

■在職老齢年金の仕組み

基本月額
加給年金額を除いた老齢厚生年金の月額

総報酬月額相当額
（その月の標準報酬月額）＋（その月以前1年間の標準賞与額の合計）÷12

基本月額と総報酬月額相当額の合計額が48万円以下

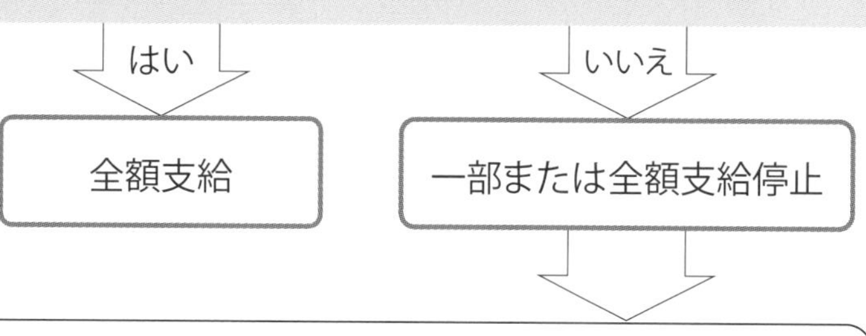

在職老齢年金による調整後の年金支給月額
＝
基本月額－（基本月額＋総報酬月額相当額－48万円）÷２

●在職老齢年金による調整後の年金支給月額の計算式

①基本月額と総報酬月額相当額との合計が48万円以下の場合
　→ 全額支給

②基本月額と総報酬月額相当額との合計が48万円を超える場合
　→ 基本月額 －（基本月額＋総報酬月額相当額－48万円）÷２

例　基本月額160,000円　総報酬月額相当額：480,000円
160,000円－（160,000円＋480,000円－480,000円）÷２＝80,000円
調整後の年金支給額は80,000円となり、月収480,000円と合わせて、１月あたり560,000円の収入を確保できる。

11 年金の繰上げと繰下げについて

老齢基礎年金は原則65歳支給開始ですが、それよりも前にもらったり、先送りすることができます。いわゆる「繰上げ」と「繰下げ」です。

繰上げると1カ月あたり0.4%の減額となる

年金の繰上げ受給とは、原則65歳から支給開始となる老齢基礎年金を最大5年間、早くもらうことができる制度です。早くもらい始める分、年金の支給額が切り下げられるのがデメリットとなります。

減額率は、**1カ月ごとに0.4%**ずつとなっています。例えば、最大限の5年間の繰上げだと、0.4%×12月×5年＝24%の減額となります。令和5年度価額の老齢基礎年金の月額で試算してみると、66,250円×76%＝50,350円になってしまいます。

この年金額の切り下げは、生涯にわたって続きますので、繰上げ受給を請求する場合は、よくよく考えたうえで判断するべきです。

ちなみに、60歳から老齢基礎年金を繰上げてもらい始めた場合、およそ81歳あたりで、65歳から老齢基礎年金をもらい始めた人の累計額とほぼ同じになります。つまり、**81歳あたり**が損益分岐点となるわけです。

繰下げると1カ月あたり0.7%の増額となる

年金の繰下げ受給は、繰上げとは逆に、65歳から支給開始となる老齢基礎年金を最大10年間、先に伸ばすことができる制度です。

繰下げによる増額率は、**1カ月ごとに0.7%**となっていますので、最大で0.7%×12カ月×10年＝84%の増額となります。雀の涙にもならない昨今の銀行金利と比べると、何とも魅力的な数字です。健康で長生きに自信がある人は、繰下げを検討してみるのもいいでしょう。

【Attention】繰上げ、繰下げを請求する前に、年金事務所で年金額の試算をしてもらったうえで判断したほうがよい。

■老齢基礎年金の繰上げ受給

老齢基礎年金を繰上げて請求すると、減額率に応じて生涯減額された年金を受取ることになる。

【減額率】0.4%×繰上げ請求月から65歳になる月の前月までの月数

請求時の年齢	0カ月	1カ月	2カ月	3カ月	4カ月	5カ月	6カ月	7カ月	8カ月	9カ月	10カ月	11カ月
60歳	24.0%	23.6%	23.2%	22.8%	22.4%	22.0%	21.6%	21.2%	20.8%	20.4%	20.0%	19.6%
61歳	19.2%	18.8%	18.4%	18.0%	17.6%	17.2%	16.8%	16.4%	16.0%	15.6%	15.2%	14.8%
62歳	14.4%	14.0%	13.6%	13.2%	12.8%	12.4%	12.0%	11.6%	11.2%	10.8%	10.4%	10.0%
63歳	9.6%	9.2%	8.8%	8.4%	8.0%	7.6%	7.2%	6.8%	6.4%	6.0%	5.6%	5.2%
64歳	4.8%	4.4%	4.0%	3.6%	3.2%	2.8%	2.4%	2.0%	1.6%	1.2%	0.8%	0.4%

■老齢基礎年金の繰下げ受給

老齢基礎年金の支給繰下げを申し出ると、月単位で年金額の増額が行われる。この増額率は一生変わらないため、増額された年金を生涯受取ることができる。

【増額率】(65歳に達した月から繰下げ申出月の前月までの月数)×0.7%

請求時の年齢	0カ月	1カ月	2カ月	3カ月	4カ月	5カ月	6カ月	7カ月	8カ月	9カ月	10カ月	11カ月
66歳	8.4%	9.1%	9.8%	10.5%	11.2%	11.9%	12.6%	13.3%	14.0%	14.7%	15.4%	16.1%
67歳	16.8%	17.5%	18.2%	18.9%	19.6%	20.3%	21.0%	21.7%	22.4%	23.1%	23.8%	24.5%
68歳	25.2%	25.9%	26.6%	27.3%	28.0%	28.7%	29.4%	30.1%	30.8%	31.5%	32.2%	32.9%
69歳	33.6%	34.3%	35.0%	35.7%	36.4%	37.1%	37.8%	38.5%	39.2%	39.9%	40.6%	41.3%
70歳	42.0%	42.7%	43.4%	44.1%	44.8%	45.5%	46.2%	46.9%	47.6%	48.3%	49.0%	49.7%
71歳	50.4%	51.1%	51.8%	52.5%	53.2%	53.9%	54.6%	55.3%	56.0%	56.7%	57.4%	58.1%
72歳	58.8%	59.5%	60.2%	60.9%	61.6%	62.3%	63.0%	63.7%	64.4%	65.1%	65.8%	66.5%
73歳	67.2%	67.9%	68.6%	69.3%	70.0%	70.7%	71.4%	72.1%	72.8%	73.5%	74.2%	74.9%
74歳	75.6%	76.3%	77.0%	77.7%	78.4%	79.1%	79.8%	80.5%	81.2%	81.9%	82.6%	83.3%
75歳	84.0%											

■老齢厚生年金・老齢基礎年金支給繰上げ請求書

（㊕ 102-1）

国民年金
厚生年金保険　老齢基礎年金・老齢厚生年金 支給繰上げ請求書

課所符号	進達番号

※裏面の「注意事項」および「記入上の注意」をよく読んでから記入してください。
※基礎年金番号(10桁)で届出する場合は左詰めでご記入ください。

① 個人番号(または基礎年金番号)	1 2 3 4 0 0 0 0 0 0
② 氏名	(フリガナ) スズキ　イチロウ (氏) 鈴木　(名) 一郎
③ 生年月日	昭和　38年　6月　6日
④ 住所	郵便番号 175-0094 (フリガナ) イタバシクナリマス 板橋区成増6-7-8

繰上げの請求を行うことによる制約等を理解のうえ、

㋐. 老齢基礎年金の全部を繰上げ請求します。

イ. 老齢厚生年金の繰上げおよび老齢基礎年金の全部を繰上げ請求します。

ウ. 老齢厚生年金の繰上げおよび老齢基礎年金の一部を繰上げ請求します。

上記「ウ」による請求を行う場合は、右の１～３のいずれかに○をしてください。	1　厚生年金保険法等に定める障害の状態にあることによる請求
	2　長期加入の特例による請求
	3　坑内員・船員の特例による請求

令和　○年　○月　○日提出

電話番号(03) - (5678) - (90XX)

※	改定年月日	事由	※		
基礎厚生年金決定 65	年　月　日	02・12	定額部分開始年齢月数	歳	月
				歳	月
				歳	月

市区町村　受付年月日

実施機関等　受付年月日

1906 1018 047 102

■老齢基礎・厚生年金支給繰下げ請求書

二次元コード

様式第235-1号

国民年金 厚生年金保険 老齢 基礎 厚生 年金裁定請求書/支給繰下げ請求書

職員記入欄	
本来請求	繰下げ
繰下げみなし（5年前）	

（特別支給の老齢厚生年金の受給権者であった方または、老齢基礎年金/老齢厚生年金の受給権者が、66歳以降に老齢基礎年金/老齢厚生年金をさかのぼって請求するときまたは、繰り下げて受けようとするときの請求書。）

裏面の「記入上の注意」をよく読んでからご記入ください。

54 57 65 80

*基礎年金番号（10桁）で届出する場合は左詰めでご記入ください。
*複数の年金を受け取っているため年金証書の年金コード（4桁）が複数ある場合、左詰めで続けてご記入ください。

❶	個人番号（または基礎年金番号）*	1 2 3 4 5 6 7 8 9 0 1 2
	年金証書の年金コード*	1 1 5 0
❷	生年月日	大正・(昭和) 38年 06月 06日

希望する年金の受取方法に○印をつけてください。

❸老齢厚生年金の受取方法 老齢厚生年金を既に受給中の場合は右の欄にチェックしてください。☐	(ア) 老齢厚生年金を現時点で繰り下げて受け取ります。
	イ 老齢厚生年金を65歳（受給権発生時点）までさかのぼって受け取ります。70歳後に請求する場合は、請求の日の5年前の日の翌月分からの受け取りとなります。
	ウ 老齢厚生年金は今回請求しません。（後日、あらためて老齢厚生年金の請求を行う予定です。）
❹老齢基礎年金の受取方法 老齢基礎年金を既に受給中の場合は右の欄にチェックしてください。☐	(ア) 老齢基礎年金を現時点で繰り下げて受け取ります。
	イ 老齢基礎年金を65歳（受給権発生時点）までさかのぼって受け取ります。70歳後に請求する場合は、請求の日の5年前の日の翌月分からの受け取りとなります。
	ウ 老齢基礎年金は今回請求しません。（後日、あらためて老齢基礎年金の請求を行う予定です。）

❺ 生計維持申立

配偶者および子の氏名	生年月日	個人番号	受給権者との続柄	障害の状態の有無
鈴木涼子	(昭和)・平成・令和 ○年○月○日	987654321XXX	妻	ある・(ない)
	平成・令和 年 月 日			ある・ない
	平成・令和 年 月 日			ある・ない

☑上記の者は、受給権を取得した当時から引き続き生計を維持していることを申し立てる。
☐上記の配偶者によって、私は生計を維持されていることを申し立てる。
（生計維持申立欄中☐は、いずれか該当する方に「✔」を記入してください。）

令和 ○年 ○月 ○日
受給権者氏名 鈴木一郎

職員記入欄（以下は記入する必要はありません。）

65ー		老厚老基	老基	老厚	受付年月日	時効区分	共済他年金欄
本来	本来	01	21	05 14 11 24	年 月 日		
	みなし増額	33	43	53	年 月 日		
繰下げ		03	13	23	年 月 日		

54ー事由	改定年月日	配状	配状年金コード	受付年月日	時効区分	年金種別
	年 月 日			年 月 日		☐機構 ☐国共済
	年 月 日			年 月 日		☐地共済（ ） ☐私学共済

実施機関等
受付年月日

第3章 年金編

■老齢年金の受取方法確認書（老齢年金の繰下げ意思についての確認）

老齢年金の受取方法確認書（老齢年金の繰下げ意思についての確認）

«ご確認にあたって»
老齢基礎年金および老齢厚生年金の受取開始時期は、65歳から75歳まで自由に選択できます。このため、年金請求書のご提出にあたってお客様が希望する年金の受取方法を確認させていただいております。裏面の「老齢年金支給繰下げ請求にかかる注意点」をご確認の上、お客様が希望する年金の受取方法を選択いただき、下欄に記名をお願いします。
□(黄色)の部分にご記入ください。

【年金の受取方法について】
希望する年金の受取方法を、老齢基礎年金および老齢厚生年金についてそれぞれチェックしてください。手続き時の年齢によって記入内容が異なりますので、該当する年齢の欄についてのみご記入ください。ご記入にあたっては、右のページの【希望する受取方法の注意点】をお読みください。

【現在66歳未満の方（受給権発生日から1年を経過していない方）】

年金の種別	記入欄	希望する受取方法
老齢厚生年金の受取方法※	☑	①老齢厚生年金を65歳（受給権発生時点）から受け取ります。
	☑	②老齢厚生年金は今回請求しません。 （後日、あらためて老齢厚生年金の繰下げ請求を行う予定です。）

年金の種別	記入欄	希望する受取方法
老齢基礎年金の受取方法	☑	③老齢基礎年金を65歳（受給権発生時点）から受け取ります。
	☑	④老齢基礎年金は今回請求しません。 （後日、あらためて老齢基礎年金の繰下げ請求を行う予定です。）

※老齢厚生年金を受け取る権利がない場合、老齢厚生年金の受取方法欄は記入する必要はありません。

【現在66歳以上の方（受給権発生日から1年を経過している方）】

年金の種別	記入欄	希望する受取方法
老齢厚生年金の受取方法※	☑	⑤老齢厚生年金を65歳（受給権発生時点）までさかのぼって受け取ります。 受給権発生から５年経過後に請求する場合は5年前の日の翌月分からの受け取りとなります。
	☑	⑥老齢厚生年金は今回請求しません。 （後日、あらためて老齢厚生年金の繰下げ請求を行う予定です。）
	☑	⑦老齢厚生年金を現時点で繰り下げて受け取ります。 年金請求書に「繰下げ申出書」の添付が必要です。

年金の種別	記入欄	希望する受取方法
老齢基礎年金の受取方法	☑	⑧老齢基礎年金を65歳（受給権発生時点）までさかのぼって受け取ります。 受給権発生から５年経過後に請求する場合は5年前の日の翌月分からの受け取りとなります。
	☑	⑨老齢基礎年金は今回請求しません。 （後日、あらためて老齢基礎年金の繰下げ請求を行う予定です。）
	☑	⑩老齢基礎年金を現時点で繰り下げて受け取ります。 年金請求書に「繰下げ申出書」の添付が必要です。

※老齢厚生年金を受け取る権利がない場合、老齢厚生年金の受取方法欄は記入する必要はありません。

私は「老齢年金支給繰下げ請求にかかる注意点」（裏面）の内容について確認しました。６５歳からの老齢年金の受取方法についてはこの確認書のとおり希望しています。

年金事務所長　様

令和　　年　　月　　日

請求者氏名

65歳以上の人は、年金請求書と一緒に提出する。

■老齢基礎年金・老齢厚生年金　支給繰下げ申出書

様式第103-1号

老齢基礎年金・老齢厚生年金　支給繰下げ申出書

〔平成１９年４月１日以後に老齢厚生年金の受給権を有した方が老齢基礎年金または老齢厚生年金の繰下げを希望するときの申出書〕

課所符号	進達番号

※基礎年金番号（１０桁）で届出する場合は左詰めでご記入ください。

①個人番号(または基礎年金番号)		
②氏　　名	(フリガナ) (氏)	(名)
③生年月日	大正　・　昭和	年　　月　　日
④住　　所	TEL(　　)―(　　)―(　　)	
⑤繰下げを希望する年金に○印をご記入ください。	1．老齢基礎年金の繰下げを申し出します。 2．老齢厚生年金の繰下げを申し出します。 令和　　年　　月　　日	

注意事項

1　この申出書は、６５歳以後に老齢基礎年金および老齢厚生年金の裁定の請求を行い、いずれかの年金について支給の繰下げを希望するときに必要な届書です。
なお、平成１９年３月３１日前に老齢厚生年金の受給権が発生した方は、様式第１０３号の申出書で届け出てください。

【詳しくは裏面をご覧ください】

2　６５歳の誕生日の前日から、６６歳の誕生日の前日までに、他の年金（※）の受給権を有したことがあるときは、支給繰下げの申し出をすることができません。

3　６６歳の誕生日以後、他の年金（※）の受給権を有したことがある方が、それ以後、支給繰下げの申し出をした場合は、他の年金の受給権を有した日において支給繰下げの申し出があったとみなされます。

4　この申請書は、年金請求書（国民年金・厚生年金保険老齢給付）（様式第１０１号）と同時に提出してください。

5　黒インクのボールペンで記入してください。鉛筆や、摩擦に伴う温度変化等により消色するインクを用いたペン又はボールペンは、使用しないでください。

※　他の年金とは、老齢基礎年金の場合は、障害基礎年金・障害厚生年金・障害共済年金等の障害給付や遺族基礎年金・遺族厚生年金・遺族共済年金等の遺族給付をいいます。老齢厚生年金の場合は、上記の年金から障害基礎年金・旧法国民年金の障害年金を除いた残りの年金をいいます。

65歳以上の人で年金を繰下げ受給したい場合は、年金請求書と一緒に提出する。

12 遺族年金を受けるには

現役の会社員が死亡した場合は、残された遺族に遺族厚生年金が支給されます。ここでは支給要件等を確認しておきましょう。

もし会社員が亡くなったら遺族厚生年金が支給される

遺族厚生年金は、厚生年金保険に加入している会社員の遺族に支給される年金です。自営業者等の第1号被保険者が対象となる**遺族基礎年金**と比較すると、年金の支給内容も手厚いものとなっています。

受給要件は、死亡した人が国民年金の被保険者期間（会社員は第2号被保険者：94ページ参照）があり、その被保険者期間のうち、死亡日の属する月の前々月まで**3分の2以上**、保険料を払っていることとされています。もっとも、会社員の場合は毎月の給与から保険料が天引きされているため、保険料納付要件を満たせないということはまずないので、この点は心配しなくてもいいと思われます。

会社を辞めた後の死亡でも遺族厚生年金はもらえるか？

定年等の理由で、すでに厚生年金保険に加入していない人が亡くなった場合も、死亡にかかる病気の初診日が厚生年金保険の加入中であれば、支給要件を満たしているとみなされます。ただし、死亡日が初診日から起算して**5年以内**であることとされています。

要するに、初めて医療機関を受診した初診日は、まだ会社勤めをしていたときであって、その後、定年退職した人の場合は、初診日から5年以内の死亡について、遺族厚生年金が支給されるというわけです。

死亡日ではなく“**初診日に**”厚生年金保険の被保険者であることが要件となっています。

■知っておきたい遺族厚生年金の基礎知識

●死亡した者の要件

①被保険者
②被保険者であった者であって、被保険者の資格を喪失した後に、被保険者であった間に初診日がある傷病により当該初診日から起算して５年を経過する日前にある者
③障害等級の１級または２級に該当する障害の状態にある障害厚生年金の受給権者
④老齢厚生年金の受給権者または受給資格期間（25年以上）を満たした者

①〜③までの死亡を短期要件、④を長期要件という。

簡単に分類すると、現役会社員等の死亡が短期要件、年金をもらう権利がある人の死亡が長期要件という認識でいいだろう。

定年退職者と遺族厚生年金の関係でいえば、④を覚えておきたい。「④老齢厚生年金の受給権者または受給資格期間を満たした者」の死亡、つまり会社員ＯＢで、老齢厚生年金の受給権者である夫が死亡した場合は、長期要件に該当し、残された遺族である妻に遺族厚生年金が支給されるということ。

●年金額

原則
死亡した被保険者等の報酬比例部分の年金額×３/４

平均標準報酬額×5.481/1000×被保険者期間の月数×３/４

※平成15年４月１日前の被保険者期間については、「平均標準報酬月額×7.125/1000×被保険者期間の月数」を基礎とする。

つまり、残された妻には、夫がもらうはずだった年金の４分の３（75%）が遺族厚生年金として支給される。

13 障害年金を受けるには

会社員が病気やケガで障害を負った場合は、障害基礎年金に加えて障害厚生年金が支給されます。

障害厚生年金をもらうための条件

障害年金には、**障害基礎年金**と**障害厚生年金**の２種類があります。老齢年金と同様に、障害基礎年金が１階部分、障害厚生年金が２階部分にあたります。会社員であれば、在職中に障害を負った場合は「障害基礎年金＋障害厚生年金」の年金を受取れます。

障害厚生年金の支給を受けるには、①初診日要件、②障害認定日要件、③保険料納付要件の３つを満たしている必要があります。

以下、順に説明します。

●初診日要件

初診日において被保険者であること。

●障害認定日要件

障害認定日において、その傷病により**障害等級**（１～３級）に該当する程度の障害の状態にあること。

障害認定日：初診日から起算して**１年６カ月**を経過した日

●保険料納付要件

傷病に係る初診日の前日において、国民年金の被保険者期間があり、その被保険者期間のうち、初診日の属する月の前々月まで**３分の２以上**、保険料を払っていること。

初診日が会社を辞めて、厚生年金保険の被保険者の資格を喪失した後であった場合は、障害厚生年金は支給されません。この場合は、障害基礎年金のみとなります。そのため、障害厚生年金の請求では、在職中にあった初診日の証明が非常に重要になってくるのです。

■知っておきたい障害厚生年金の基礎知識

●障害厚生年金の受給要件

障害厚生年金の支給を受けるためには、①初診日要件、②障害認定日要件、③保険料納付要件の３つを満たしていなければならない。

①厚生年金保険の被保険者期間中に初診日があること
②障害認定日に１級、２級、３級の障害があること
③障害基礎年金の保険料納付要件を満たしていること

初診日：障害の原因となった傷病について、初めて医師・歯科医師などの診療を受けた日
障害認定日：初診日から起算して１年６カ月を経過した日

●年金額

障害基礎年金の年金額

障害基礎年金（１級）：993,750円
障害基礎年金（２級）：795,000円

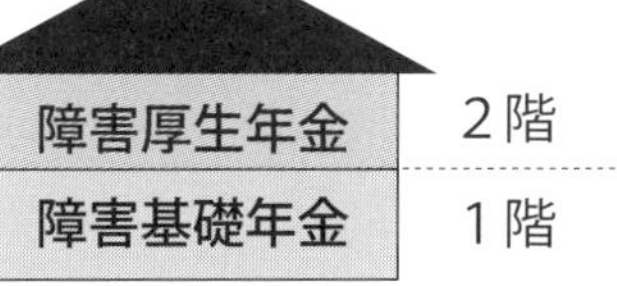

会社員等は障害年金も２階建て

障害厚生年金の年金額

１級の場合

障害基礎年金 ＋ 障害厚生年金（報酬比例の年金額×1.25） ＋ 配偶者の加給年金額 228,700円

２級の場合

障害基礎年金 ＋ 障害厚生年金（報酬比例の年金額） ＋ 配偶者の加給年金額 228,700円

３級の場合※

障害厚生年金（報酬比例の年金額）

※最低保障額596,300円
↑
障害基礎年金（2級）の4分の３相当額

第3章 年金編

14 年金受給開始後の手続き

年金をもらい始めた後も、いくつかの手続きがあります。とくに65歳が節目の年齢になります。

日本年金機構から送られて来る通知書等

通常であれば、年金請求書を提出してから約１～２カ月後に「**年金証書・年金決定通知書**」が日本年金機構から郵送されてきます。説明するまでもないかもしれませんが、年金証書は、年金を受ける権利の証明として交付されるものです。

年金決定通知書は、年金額が決定された場合または年金額に変更が生じた場合に、年金額等をお知らせするものです。この書面を見ると、自分が正式に受取れる年金がわかります。

次に、送られてくるのが「**年金振込通知書・年金支払通知書または年金送金通知書**」。これは金融機関等の口座振込で年金を受取っている人に対して、各支払期の年金支払い額等のお知らせです。

繰下げ希望の人は65歳になるときの手続きに要注意！

老齢年金の受給が始まった後の手続きとして、大事なのは「**公的年金等の受給者の扶養親族等申告書**」です。一定額以上の年金をもらっている人に対して、毎年10月頃に郵送されてきます。配偶者などの親族がいる場合は、必要事項を記入し、12月の指定期限までに提出します。この書面を提出すると、年金から源泉徴収される所得税が少なくなります。

そして、65歳になるときに送られて来るのが「**年金請求書**（国民年金・厚生年金保険老齢給付）」です。特別支給の老齢厚生年金の支給が終了して、本来の年金を請求するものです。引き続いて年金を受給するか、それとも繰下げするか確認するのが、この手続きの目的とされています。

■ 65歳になったとき

特別支給の老齢厚生年金を受給している人が65歳になったときは、特別支給の老齢厚生年金に代わり、新たに老齢基礎年金と老齢厚生年金を受給することになる。この際に、「**年金請求書**（国民年金・厚生年金保険老齢給付）」の提出が必要。

※65歳になる誕生月の初め頃に、日本年金機構本部から「年金請求書」（はがき形式）が送付されて来るので、誕生月の末日までに必ず提出すること。

●年金請求書（はがき形式）

年金請求書（国民年金・厚生年金保険老齢給付）

◎黒インクのボールペンでご記入ください。
◎裏面の注意事項をご確認のうえ、ご記入ください。

65

※ 基礎年金番号（10桁）で届出する場合は左詰めで記入してください。

請求者の欄				
個人番号（または基礎年金番号）・年金コード		生年月日	大正 3 昭和 5	年　月　日
住 所	〒 電話番号（　　）－（　　）－（　　）			
氏 名	（フリガナ）	他の年金の管掌機関（制度名）と年金証書記号番号等	管掌機関	記号番号等

下記の加給年金額の対象者は、私が生計を維持していることを申し立てます。

54

加給年金額対象者の欄					
配偶者	氏 名	（フリガナ）	他の年金の管掌機関（制度名）と年金証書記号番号等	管掌機関	記号番号等
	生年月日	大正・昭和・平成　年　月　日			
子	氏 名	（フリガナ）	氏 名	（フリガナ）	
	生年月日	平成・令和　年　月　日　障害の状態	生年月日	平成・令和　年　月　日　障害の状態	

繰下げ希望欄		
繰下げ受給（66歳以降に受給）を希望される方は、右枠内のいずれかを○で囲んでください。	老齢基礎年金のみ繰下げ希望	老齢厚生年金のみ繰下げ希望

実施機関等受付年月日

※年金生活者支援給付金の支給要件に該当する方は、別途、請求が必要です。

繰下げ希望欄に注意！

●年金受給を66歳以後に繰下げたい場合

① 「老齢基礎年金のみ繰下げ希望」もしくは「老齢厚生年金のみ繰下げ希望」に○をして返送する

② 老齢基礎年金と老齢厚生年金の両方を繰下げたい場合は、このはがきを返送しない

■扶養親族等申告書

令和5年分 公的年金等の受給者の扶養親族等申告書

受給者	個人番号（または基礎年金番号）	年金コード

*基礎年金番号（10桁）で届出する場合は左詰めでご記入ください。

機構使用欄

提出年月日	令和　年　月　日

A 受給者

フリガナ		1 本人障害	1. 普通障害　2. 特別障害
氏名		2 寡婦等 本人の年間所得見積額（500万円以下）	1. 寡婦（子がいない女性の方）　2. ひとり親（子がいる方）
住所		退職所得を除いた所得見積額で要件に該当	地方税（個人住民税）控除のみ 4. 寡婦　5. ひとり親
電話番号			
生年月日		3 本人所得	年間所得の見積額が**900万円を超える**場合は右の欄に○をしてください。

上記1～3は該当なしの場合は記入不要です

B 控除対象となる配偶者

	4 源泉控除対象配偶者 または 障害者に該当する同一生計配偶者	5 配偶者の区分	6 配偶者障害 該当なしの場合は記入不要
フリガナ		配偶者の収入が年金のみで、下記1、2のどちらかに該当の方は右の欄に○をしてください。 1. 65歳以上の場合、年金額が158万円以下の方 2. 65歳未満の場合、年金額が108万円以下の方	1. 普通障害　2. 特別障害
氏名			7 同居等の区分 国外居住の有無 国内居住の場合は記入不要
機構使用欄		上記以外の場合	
続柄	1. 夫　2. 妻	「手引き」を参照し、右の欄に年間所得の見積額をご記入ください。（収入がない方はゼロを記入）　万円	1. 同居　2. 別居
生年月日	1.明　3.大　5.昭　7.平 年　月　日	退職所得がある方は、右の欄に○をしたうえで、上記金額から退職所得を除いた金額をご記入ください（退職所得がない方は記入不要です）。　退職所得あり　万円	1. 非居住者 8 配偶者老人区分 2. 老人 配偶者の所得見積額が48万円以下かつ70歳以上の場合に該当
個人番号（マイナンバー）		機構使用欄	

C 扶養親族（3人目以降は裏面にご記入ください）

	9 控除対象扶養親族（16歳以上）または扶養親族（16歳未満）※	続柄	生年月日 10 特定・老人の種別	11 障害 該当なしの場合は記入不要	12 同居等の区分 国外居住の有無 国内居住の場合は記入不要	13 年間所得の見積額
フリガナ		3 子 4 孫 5 父母祖父母 6 兄弟姉妹 7 その他 8 甥姪等 9 三親等以内の親族	1.明　3.大　5.昭　7.平　9.令 年　月　日 1. 特定　2. 老人	1. 普通障害 2. 特別障害	1. 同居　2. 別居 国外居住 2. 30歳未満70歳以上　3. 留学 4. 障害者　5. 年38万円以上送金	48万円以下　48万円超 退職所得あり 退職所得を除いた金額が48万円以下
氏名						
機構使用欄						
個人番号（マイナンバー）						
フリガナ		3 子 4 孫 5 父母祖父母 6 兄弟姉妹 7 その他 8 甥姪等 9 三親等以内の親族	1.明　3.大　5.昭　7.平　9.令 年　月　日 1. 特定　2. 老人	1. 普通障害 2. 特別障害	1. 同居　2. 別居 国外居住 2. 30歳未満70歳以上　3. 留学 4. 障害者　5. 年38万円以上送金	48万円以下　48万円超 退職所得あり 退職所得を除いた金額が48万円以下
氏名						
機構使用欄						
個人番号（マイナンバー）						

裏面

C 扶養親族（続き）

9 控除対象扶養親族（16歳以上）または扶養親族（16歳未満）※	続柄	生年月日 10 特定・老人の種別	11 障害 該当なしの場合は記入不要	12 同居等の区分 国外居住の有無 国内居住の場合は記入不要	13 年間所得の見積額
フリガナ 氏名 機構使用欄 個人番号（マイナンバー）	3 子 4 孫 5 父母祖父母 6 兄弟姉妹 7 その他 8 甥姪等 9 三親等以内の親族	1.明 3.大 5.昭 7.平 9.令 年 月 日 1. 特定 2. 老人	1. 普通障害 2. 特別障害	1. 同居 2. 別居 国外居住 2. 30歳未満70歳以上 3. 留学 4. 障害者 5. 年38万円以上送金	48万円以下 48万円超 退職所得あり 退職所得を除いた金額が48万円以下
フリガナ 氏名 機構使用欄 個人番号（マイナンバー）	3 子 4 孫 5 父母祖父母 6 兄弟姉妹 7 その他 8 甥姪等 9 三親等以内の親族	1.明 3.大 5.昭 7.平 9.令 年 月 日 1. 特定 2. 老人	1. 普通障害 2. 特別障害	1. 同居 2. 別居 国外居住 2. 30歳未満70歳以上 3. 留学 4. 障害者 5. 年38万円以上送金	48万円以下 48万円超 退職所得あり 退職所得を除いた金額が48万円以下
フリガナ 氏名 機構使用欄 個人番号（マイナンバー）	3 子 4 孫 5 父母祖父母 6 兄弟姉妹 7 その他 8 甥姪等 9 三親等以内の親族	1.明 3.大 5.昭 7.平 9.令 年 月 日 1. 特定 2. 老人	1. 普通障害 2. 特別障害	1. 同居 2. 別居 国外居住 2. 30歳未満70歳以上 3. 留学 4. 障害者 5. 年38万円以上送金	48万円以下 48万円超 退職所得あり 退職所得を除いた金額が48万円以下
フリガナ 氏名 機構使用欄 個人番号（マイナンバー）	3 子 4 孫 5 父母祖父母 6 兄弟姉妹 7 その他 8 甥姪等 9 三親等以内の親族	1.明 3.大 5.昭 7.平 9.令 年 月 日 1. 特定 2. 老人	1. 普通障害 2. 特別障害	1. 同居 2. 別居 国外居住 2. 30歳未満70歳以上 3. 留学 4. 障害者 5. 年38万円以上送金	48万円以下 48万円超 退職所得あり 退職所得を除いた金額が48万円以下
フリガナ 氏名 機構使用欄 個人番号（マイナンバー）	3 子 4 孫 5 父母祖父母 6 兄弟姉妹 7 その他 8 甥姪等 9 三親等以内の親族	1.明 3.大 5.昭 7.平 9.令 年 月 日 1. 特定 2. 老人	1. 普通障害 2. 特別障害	1. 同居 2. 別居 国外居住 2. 30歳未満70歳以上 3. 留学 4. 障害者 5. 年38万円以上送金	48万円以下 48万円超 退職所得あり 退職所得を除いた金額が48万円以下
フリガナ 氏名 機構使用欄 個人番号（マイナンバー）	3 子 4 孫 5 父母祖父母 6 兄弟姉妹 7 その他 8 甥姪等 9 三親等以内の親族	1.明 3.大 5.昭 7.平 9.令 年 月 日 1. 特定 2. 老人	1. 普通障害 2. 特別障害	1. 同居 2. 別居 国外居住 2. 30歳未満70歳以上 3. 留学 4. 障害者 5. 年38万円以上送金	48万円以下 48万円超 退職所得あり 退職所得を除いた金額が48万円以下

D 摘要欄

14 摘要

個人番号（マイナンバー）について

- 番号が確認できる書類の添付は必要ありません。
- 記入がない場合でも、記入がないことのみをもって申告書を受理しないことはありません。
- 記入すると、翌年以降は記入が不要になります。

※扶養親族(16歳未満)の記載は、地方税法第45条の3の3および第317条の3の3の規定による「公的年金等の受給者の扶養親族等申告書」の記載を兼ねています。

（年金の支払者） 官署支出官 厚生労働省年金局事業企画課長　　法人番号 6000012070001

【コラム】
熟年離婚と年金分割を考える

●夫の年金の２分の１は妻のものになるか？

離婚時の年金分割は、合意分割と３号分割の２つの制度があります。

・合意分割

平成19年４月１日以後に離婚等をし、一定の条件に該当したときに、婚姻期間中の厚生年金記録（標準報酬月額・標準賞与額）を当事者間で分割することができる制度。

・3号分割

平成20年５月１日以後に離婚等をし、一定の条件に該当したときに、国民年金の第３号被保険者であった方（妻）からの請求により、平成20年４月１日以後の婚姻期間中の第３号被保険者期間における相手方（夫）の厚生年金記録（標準報酬月額・標準賞与額）を２分の１ずつ、当事者間で分割することができる制度。

要するに、合意分割は夫婦間の話し合いによる合意が必要で、３号分割は夫婦間の合意は必要なく夫の厚生年金の２分の１が妻の年金となるというものです。合意分割でも、夫婦間の合意があれば最大50%ずつに分割して妻が受取れることができます。

妻の側からすると、離婚すれば夫の年金の半分が自分のものになると思ってしまうかもしれませんが、それは正しくありません。

年金分割の制度は、“厚生年金保険の部分”に限られ、そのうち婚姻期間中の保険料納付実績を分割するものなのです。

婚姻前の独身だった期間は対象になりませんし、夫の老齢基礎年金は、そもそも分割の対象になっていません。実際には、夫の厚生年金部分の３～４割ほどが分割されるケースが多いと聞きます。

熟年離婚は、お互いに低年金生活に陥る可能性が高く、経済的損失が大きいと言えそうです。

4章

健康保険編

01 退職後の健康保険はどうなる？

定年退職に限らず会社を辞めると、いま加入している健康保険の資格を喪失します。退職後の医療保険の主な選択肢は３つです。

日本は国民皆保険である

わが国では国民皆(かい)保険が制度化されていて、原則として、私たちすべての国民は何らかの医療保険に加入しなければなりません。すべての人が公的医療保険に加入できるメリットは非常に大きく、日本が世界に誇るべき社会保険システムといわれています。

あらためて説明するまでもないことですが、会社員であれば**健康保険**に、自営業者等は**国民健康保険**に加入しています。健康保険が被用者（会社員等）を対象としているのに対し、国民健康保険は地域住民等を対象としています。国民健康保険については152ページで詳しく説明します。

定年退職後の医療保険の選択肢は３つプラス１

定年退職後は、会社の健康保険を脱退し、多くの方は次の３つの選択肢の中から退職後の医療保険を選ぶことになります。

①国民健康保険に入る
②任意継続(にんいけいぞく)被保険者になる
③家族の被扶養者になる

このほかに、再就職して新しい会社の健康保険に加入するケースもあります。また、継続雇用という形で現在の会社で働き続ける場合であっても、１日または１週間の労働時間が他の労働者の４分の３以上であれば、健康保険に引き続き加入することになります。例えば、フルタイムで働く正社員の１日の労働時間が８時間である場合、８時間×４分の３＝６時間以上の労働ならば、健康保険に加入するのです。

■退職後の医療保険

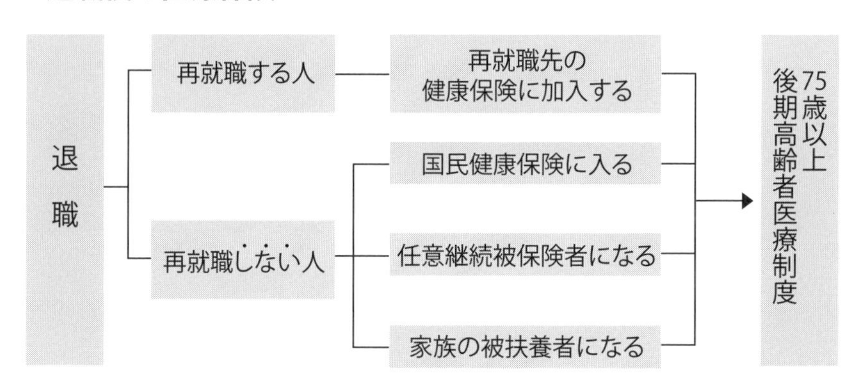

■短時間労働者の社会保険

定年後の再雇用であっても、１日または１週間の労働時間が通常の労働者の４分の３以上であれば、健康保険に加入する。

※健康保険と厚生年金保険はセットで加入するため、医療は健康保険、年金は厚生年金の保険料が給与から天引きされる。

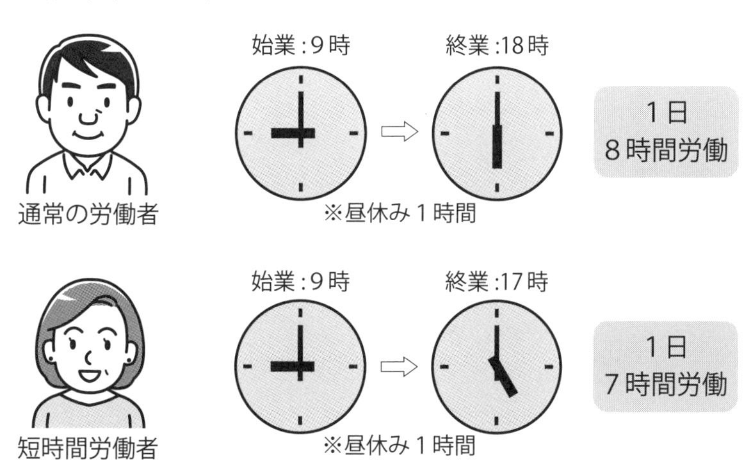

この場合、短時間労働者も社会保険に加入する。

※社会保険の適用拡大については、158ページ参照。

02 健康保険の任意継続って何？

任意継続を選択した場合、在職中と同じ給付内容の健康保険に留まれますが、保険料は２倍になります。

任意継続被保険者になるか国民健康保険に加入する

前項で定年退職後の医療保険の選択肢として、①**国民健康保険**に入る、②**任意継続被保険者**になる、③家族の被扶養者になる、を示しましたが、①か②のどちらかを選ぶことになる人がほとんどです。ですから実質的には、国民健康保険か任意継続かの２択になるといってよいでしょう。

任意継続被保険者について簡単に説明します。任意継続被保険者とは、被保険者資格の喪失後において、任意に引き続いて被保険者となれる制度です。つまり、会社を辞めた後も、いままで加入していた健康保険に留まれるということです。

任意継続被保険者になるには、いくつかの要件をすべて満たす必要があります（149 ページ参照）。とくに、被保険者の資格を喪失した日から**20 日以内**に保険者に申し出ることが重要です。申し出が１日でも遅れたらアウト。任意継続被保険者にはなれません。

任意継続被保険者を選ぶメリットは？

任意継続被保険者になるか国民健康保険を選ぶかですが、選択の基準は、どちらの保険料が安いかでしょう。

率直に言って、任意継続被保険者を選択したほうが、被扶養者（妻や子）の保険料を支払わなくてもいいなど、メリットが多いです。ただし、保険料は労使折半ではなくなるため、在職中の２倍になります。それから任意継続できるのは最大で**２年間**となっています。いつまでも使える制度ではありません。

■任意継続被保険者の仕組み

任意継続被保険者とは？

会社などを退職して、被保険者資格を喪失したときは、一定の条件の下、本人の希望により被保険者として継続することができるというもの。

任意継続被保険者となるためには、

①資格喪失日（退職日の翌日）の前日までに、継続して**2カ月以上**の被保険者期間があること
②資格喪失日（退職日の翌日）から**20日以内**に被保険者になるための届出をすること

が必要。

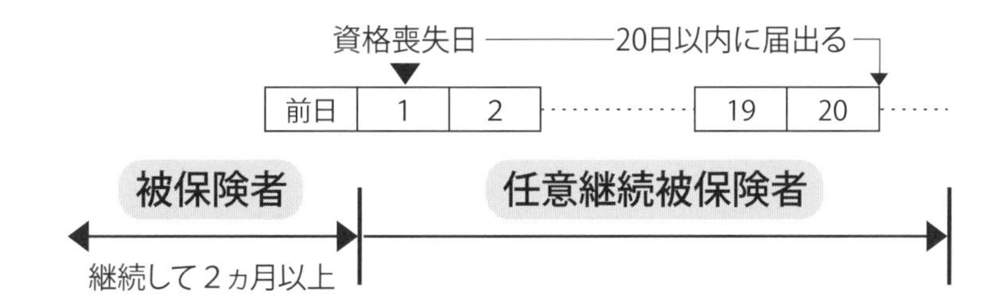

●気を付けたい保険料納付

任意継続被保険者となると、保険料を正当な理由なく、納付期日までに納めない場合は、納付期日の翌日で被保険者資格を失う。

毎月の保険料は、月初めに送付される納付書でその月の１日から10日までに納める。事前に、一定期間分を一括して納付書により納付することも可能（前納制度）。

【保険料の納付方法】

納付書による納付	口座振替
銀行やコンビニで支払う方法	銀行口座からの引き落とし

便利で確実な口座振替を選択するのがよい

■任意継続被保険者資格取得申出書（協会けんぽ）1ページ目

健康保険 任意継続被保険者 資格取得 申出書

1 2 ページ　取

退職などで健康保険の資格がなくなった後も、引き続き個人で健康保険に加入する場合にご使用ください。なお、提出期限は、退職日の翌日から20日以内（必着）です。記入方法および添付書類等については、「記入の手引き」をご確認ください。

被保険者情報

勤務していたときに使用していた被保険者証の発行都道府県支部	東京 支部
提出日（投函日）	令和　年　月　日
勤務していたときに使用していた被保険者証	記号（左づめ）12345678　番号（左づめ）123
生年月日	1（1.昭和 2.平成 3.令和）38年06月06日
氏名（カタカナ）	スズキ イチロウ
	姓と名の間は1マス空けてご記入ください。濁点（゛）、半濁点（゜）は1字としてご記入ください。
氏名	鈴木一郎
性別	1（1.男 2.女）
郵便番号（ハイフン除く）	1750094
電話番号（左づめハイフン除く）	09012340000
住所	東京（都）道府県 板橋区成増6-7-8

勤務していた事業所	名称 彩図不動産（株）　所在地 豊島区南大塚3-24-1
資格喪失年月日（退職日の翌日）	令和29年04月01日
保険料の納付方法 ※希望する番号をご記入ください。	1（1. 口座振替（毎月納付のみ） 2. 毎月納付 3. 6か月前納 4. 12か月前納）
	口座振替を希望される方は、別途、「口座振替依頼書」の提出が必要です。

健康保険 資格喪失証明欄

事業主記入用 ※任意　この欄をご記入いただくことで、被保険者証の交付が早くなる場合があります。

勤務していた方の氏名（カタカナ）	
	姓と名の間は1マス空けてご記入ください。濁点（゛）、半濁点（゜）は1字としてご記入ください。
資格喪失年月日（退職日の翌日）	令和　年　月　日

上記の記入内容に誤りのないことを証明します。　令和　年　月　日

事業所所在地

事業所名称

事業主氏名

電話番号

被扶養者がいる場合は2ページ目に続きます。

被保険者証の記号番号が不明の場合は、被保険者のマイナンバーをご記入ください。
（記入した場合は、本人確認書類等の添付が必要となります。）▶

社会保険労務士の提出代行者名記入欄	

以下は、協会使用欄のため、記入しないでください。

MN確認（被保険者）	1. 記入有（添付あり） 2. 記入有（添付なし） 3. 記入無（添付あり）
資格喪失日	令和　年　月　日
同時申請	1. 限度額　1. 減額認定　1. 特定疾病　1. 口座振替
その他	1. その他 2. 4名以上　（理由）
枚数	

受付日付印

20011101

(2022.12)

全国健康保険協会 協会けんぽ

1/2

●保険料の額（協会けんぽの場合）

退職時の標準報酬月額×10.00%＊

＊40歳から64歳までの介護保険第２号被保険者に該当する人は、介護保険料率1.82%が加算され、11.82%。

保険料額は、都道府県によって異なる。保険料は、原則２年間変わらない。

東京　35,460円

愛知　35,490円

大阪　36,330円

【参考】協会けんぽの任意継続被保険者の保険料額（上限）
介護保険第２号被保険者に該当する場合（令和５年４月分）

・保険料は前納が有利！

前納すると、保険料が割引される

年４%（複利現価法による）

前納は６カ月分もしくは12カ月分を納める。

納め忘れが防止でき、保険料も割り引かれる前納を活用するべき。

●任意継続被保険者の被保険者期間

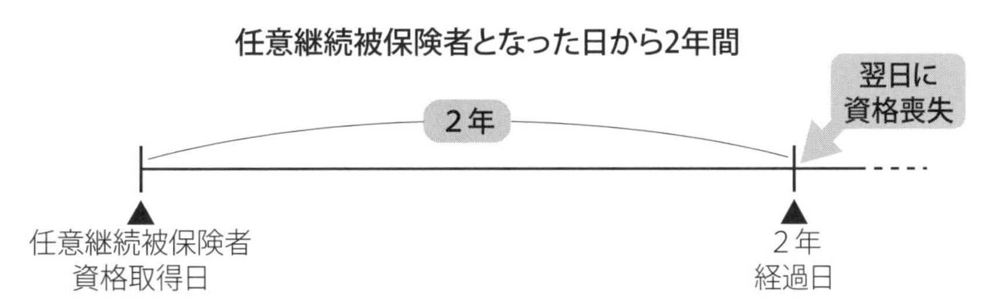

※任意に継続することはできても、任意にやめることはできない。原則として、再就職しない限り２年間は国民健康保険への切替え、健康保険の被扶養者になることはできない。

03 国民健康保険に加入する場合

国民健康保険は保険料を全額自分で支払わなければならないため、通常、会社員時代より保険料負担が重くなります。

国民健康保険への切替えは14日以内

定年退職後は、健康保険の任意継続被保険者を選択しない限り、国民健康保険に加入することになります。国民健康保険に切替える場合は、退職日の翌日以降**14日以内**に、住所地の市区町村役場・国民健康保険課の窓口で手続きします。

定年よりも前に、60歳未満の年齢で会社を辞めた人は、**国民年金**へ加入しなければならないので、あわせて手続きを済ませてしまいましょう。

退職後翌年の国民健康保険の保険料は高額になる!?

国民健康保険の保険料は、定年退職した前年度の収入等によって決定されるため、在職中の健康保険の保険料よりもかなり高額になる場合が少なくありません。

保険料の計算方法は、市区町村により異なるので、詳しくは国民健康保険課の窓口で問い合わせてみましょう。保険料の算出もしてくれます。

意外に思う人がいるかもしれませんが、国民健康保険の保険料は市区町村ごとに独自の算出を行うため、保険料は住む場所によって違ってきます。定年退職を機に、引っ越しを考えているのであれば、保険料の安い都市に移り住めば保険料を軽減できます（数年後の保険料がどうなるかわかりませんが）。

手続きに必要なものは、資格喪失証明書、世帯主と加入する者全員分のマイナンバーが確認できるもの（マイナンバーカードなど）、本人確認資料（マイナンバーカード、運転免許証など）、保険料口座振替用のキャッシュカード（または通帳と金融機関の届出印）などです。

■国民健康保険料の計算方法

国民健康保険の保険料は、前年の所得、加入者数、年齢をもとに計算される。また、「医療分」「後期高齢者支援金分」「介護分（40歳～64歳の人）」の3つから構成される。

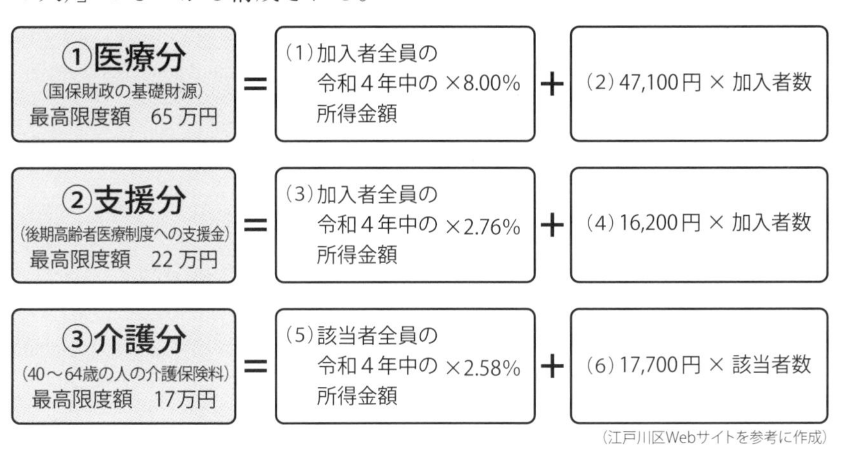

（江戸川区Webサイトを参考に作成）

●保険料の減免措置

経済的事情等により、保険料を納められない人のために、保険料の軽減・減免（免除）措置が用意されている。

保険料の減免（横浜市の例）

事情	基準	減額・免除
災害	風水害、火災、震災等により家屋、事業所等の資産が20%以上被害を受けた場合	被害の程度により4カ月分または6カ月分を免除
低所得	今年中の見込み総所得金額等の合算額が減額基準表に該当する場合	所得金額の減少率により所得割額を減額し、均等割額の7割、5割または2割の額を免除
所得減少	失職または事業の失敗等により所得が著しく減少した場合	所得金額の減少率により所得割額を減額
給付制限	刑事施設等に収容され、給付を受けられない期間があった場合	給付を受けられない期間分を免除（初日～末日まで受けられない月）

■国民健康保険の加入手続きについて

●手続き方法

加入手続きは、**国民健康保険被保険者異動届**（155ページ参照）を提出することによって行う。

国民健康保険被保険者資格取得届は、住所地の市区町村役場の国民健康保険課の窓口に必要な添付書類等を持参して、窓口に備え付けられている所定の届出書に記入し、これを提出する。

●郵送による加入手続きができる自治体もある

国民健康保険の加入手続きを郵送で受け付けている自治体もある。詳細については、市区町村役場に問い合わせをして確認すること。

●届け出の期間

国民健康保険に加入すべき事由が発生した日から**14日以内**

※例えば、会社を辞め、退職後の医療保険に「国民健康保険」を選んだ場合は、健康保険の資格喪失日が退職日の翌日となるため、その日から14日以内となる。

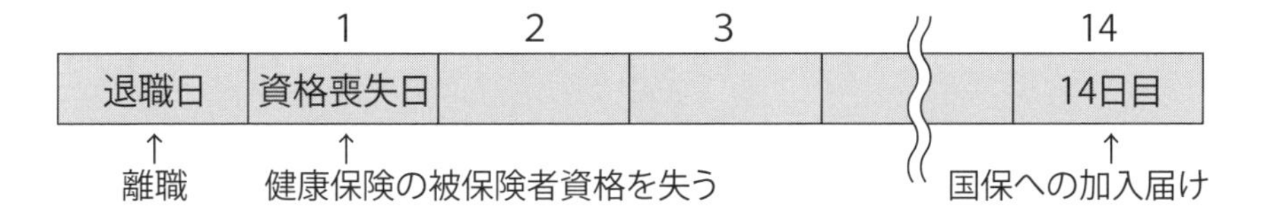

●手続きに必要な書類等

1. 本人確認資料（マイナンバーカード、運転免許証等の顔写真付きのもの。または顔写真のない本人確認資料2点以上）
2. 世帯主および国民健康保険に加入される人のマイナンバーがわかるもの（マイナンバーカード、通知カード等）
3. キャッシュカード、通帳、口座届出印
4. 健康保険の資格喪失証明書・退職証明書・離職票・雇用保険受給資格者証(離職年月日が確認できるもの)のうちいずれか一つ

※上記の例はさいたま市のもの。市区町村によって添付書類等が異なる場合もあるので、事前に問い合わせをしたうえ、必要書類を確認してから出向いたほうがよい。

■さいたま市の国民健康保険被保険者異動届

様式第１号（第９条関係）

国 民 健 康 保 険 被 保 険 者 異 動 届

記号		番号	

住所	さいたま市

フリガナ / 被保険者氏名	生年月日 / 個人番号	性別	続柄	職業	国保区分	退職区分	前期高齢	異動事由	資格取得年月日 / 異動年月日
	年 月 日				主 擬 被	本 扶	有 無		年 月 日 / 年 月 日
	年 月 日				主 擬 被	本 扶	有 無		年 月 日 / 年 月 日
	年 月 日				主 擬 被	本 扶	有 無		年 月 日 / 年 月 日
	年 月 日				主 擬 被	本 扶	有 無		年 月 日 / 年 月 日
	年 月 日				主 擬 被	本 扶	有 無		年 月 日 / 年 月 日

異動事由	11	転入	12	出生	13	社保離脱	14	国組離脱	15	生保廃止	17	その他取得
	21	転出	22	死亡	23	社保加入	24	国組加入	25	生保開始	27	その他喪失

上記のとおり届けます。

年 月 日

（宛先） さいたま市長

世帯主	住所	□同上	電話番号	（ ）
	氏名		個人番号	

世帯主以外の方が届け出る場合は、下記の欄も記入してください。

届出人	住所	□世帯主と同じ	世帯主との関係	
	氏名		電話番号	（ ）

※太線の中だけを記入してください。
※お届けいただいた電話番号は、保健事業で使用させていただく場合があります。

保険証受取人

□任継説明 □自己・会社・説明
□年金案内 □福祉医療案内

事務処理欄
届出人
□世帯主 □同世帯 □代理人
届出人の身元確認
1点で保険証窓口交付可
□運転免許証 □運転経歴証明書
□旅券 □在留カード
□マイナンバーカード
□住基カード（顔写真有）
□障害者手帳（顔写真有）
□その他（ ）
2点以上で保険証窓口交付可
□保険証（健・介）□年金手帳
□退職(喪失)証明書 □離職票
□年金証書 □納税通知書等
□受給者証 □その他（ ）
マイナンバー確認のみ可
□学生証 □社員証
□（ ）□（ ）
□確認不可
世帯主の番号確認
□マイナンバーカード
□住民票の写し（番号記載）
□通知カード □転出証明書
□その他（ ）
□確認不可（忘・紛・拒・未）
確認事項
□世帯主課税（普主・擬主）
□納税通知書説明済
□遡及課税あり 説明済
□旧被扶養者減免 有・無
申請済・申請依頼済
□口座あり 説明・取消
→主・主以外（ ）
□口座なし 勧奨済
□国申・照会
□滞納有（ ～ ）
保険証
□窓口 □未交付
□郵送（ ／ ）
普通郵便 ・ 簡易書留
□回収（ ／ ）
□未回収 誓約・返送依頼

区民課（支所）	国保係担当者

国民健康保険被保険者異動届は、自治体によって書式が異なる。

■板橋区の健康保険被保険者資格喪失証明書

健 康 保 険
厚生年金保険等 被保険者資格喪失証明書

被保険者	住所	板橋区 町 丁目 番 号			
	氏名		生年月日	昭和 平成 令和 年 月 日	資格取得年月日 年 月 日 退職年月日 年 月 日 資格喪失年月日 年 月 日
被扶養者	氏名		生年月日	昭和 平成 令和 年 月 日	資格取得年月日 年 月 日 資格喪失年月日 年 月 日 資格喪失理由
	氏名		生年月日	昭和 平成 令和 年 月 日	資格取得年月日 年 月 日 資格喪失年月日 年 月 日 資格喪失理由
	氏名		生年月日	昭和 平成 令和 年 月 日	資格取得年月日 年 月 日 資格喪失年月日 年 月 日 資格喪失理由
	氏名		生年月日	昭和 平成 令和 年 月 日	資格取得年月日 年 月 日 資格喪失年月日 年 月 日 資格喪失理由

健康保険加入状況			
保険者名（健康保険組合等の名称）	□ 全国健康保険協会 支部 □ 健康保険組合 □ 共済組合 □ 国民健康保険組合		
記 号		番 号	

厚生年金等加入状況	
年金の種類	□ 厚生年金 □ 共済年金 □ 船員保険
基礎年金番号	

上記のとおり証明します。

年 月 日

保険者または事業所の 所在地
名 称 印
電話番号

資格喪失の証明書は勤務先で発行してもらう。上記はサンプル（板橋区Webサイトより）。

04 退職時に傷病手当金をもらっていたら

在職している間にもらい始めた傷病手当金は、退職すると支給がストップするのでしょうか？

傷病手当金・出産手当金の継続給付

若干長くなりますが、条文から引用します。

「被保険者の資格を喪失した日の前日まで引き続き１年以上被保険者であった者であって、その資格を喪失した際に、傷病手当金または出産手当金の支給を受けている者は、被保険者として受けることができるはずであった期間、継続して同一の保険者からその給付を受けることができる」とされています（健康保険法104条ほか)。

要するに、一定の要件に該当する場合には、会社を辞め、健康保険の被保険者資格を喪失した後であっても、所定の期間、継続して同一の保険者から**傷病手当金**（または**出産手当金**）をもらうことができるということです。これを傷病手当金・出産手当金の継続給付といいます。

いまの会社に１年以上勤務しているか？

定年退職の前後で関係してくるのは、傷病手当金を受けている人でしょう。もうすぐ定年を迎えるのだけど、いまもらっている傷病手当金はどうなるのかという問題です。

前述のように、継続給付されるため、会社を辞めた時点で支給がストップされることはありませんので、安心してください（任意継続被保険者となっていても支給されます)。

資格喪失日の前日まで**継続して１年以上**被保険者であったことが必要ですが、１年以上いまの会社に勤めているのであれば難なくクリアできます。

傷病手当金…被保険者が病気やケガのために会社を休み、事業主から十分な報酬が受けられない場合に支給されるもの。

■傷病手当金に関する素朴な疑問

Q１．いつまでもらえる?

A．同一の傷病について、支給を開始した日から通算して１年６カ月。

Q２．在職中から傷病手当金を受給していたが、会社を退職しても受給できる?

A．継続給付の要件を満たせば、退職後も受給できる。

●資格喪失後の継続給付（協会けんぽの場合）

①被保険者の資格喪失をした日の前日（退職日）までに継続して１年以上の被保険者期間（健康保険の任意継続被保険者期間を除く）があること。
②資格喪失時に傷病手当金を受けているか、または受ける条件を満たしていること。

【要チェック！　資格喪失後に老齢年金が受けられるとき】

会社を退職して資格を喪失した後に、傷病手当金の継続給付を受けている人が老齢厚生年金等の老齢・退職年金の受給者になったときは、傷病手当金が支給されない。ただし、年金額の360分の１が傷病手当金の日額より低いときは、差額が支給される。

［傷病手当金の日額と老齢・退職年金の額を360で除した額とを比較して、傷病手当金のほうが多い場合は、その差額分が傷病手当金として支給される。］

例　傷病手当金日額6,500円　老齢・退職年金額180万円

05 再就職したら健康保険に入る、入らない？

定年退職後に、再就職して新しい会社に入ったら、あらためて健康保険の被保険者資格を取得します。

再就職先で健康保険に入る場合

定年退職によりこれまで勤めていた会社を辞め、新しい会社に就職した場合は、再就職先の健康保険に加入します。

Ａ社を定年退職後、Ｂ社に再就職したようなケースです。正社員としてＢ社に入社したら、当然、**健康保険**に加入します。被扶養者の制度のある健康保険に入れるのは、やはり保険料や給付内容など、いろいろな面で有利です。

それから、これは146ページでも触れましたが、定年退職後の再雇用であっても、１日または１週間の労働時間がフルタイムで働く正社員の４分の３以上である場合は、健康保険に加入することになります。正社員の４分の３という基準は、同じ会社に新しい労働条件で再雇用される場合も同じです。嘱託だからパートタイマーだから健康保険に入らないというわけではないのです。再雇用後の労働時間の長さを見ます。

社会保険の適用拡大について

ご存じの人も多いかと思いますが、社会保険の適用拡大が進められています。従業員数101～500人の企業でも、2022年10月から段階的にパート・アルバイトの社会保険の加入が義務化されます。

さらに2024年10月からは、従業員数51人～100人の企業で働くパート・アルバイトが社会保険の適用になります。社会保険の適用拡大により、定年後の再就職で短時間労働者になったとしても、社会保険に加入することで、老齢厚生年金の受給額が増え、医療保険も充実します。

■再就職先の健康保険に入る

再就職した人は、再就職先の健康保険に加入することになる。従前の勤務先で加入していた健康保険と同様に、療養の給付や傷病手当金、高額療養費などの保険給付を受けられる。また、配偶者など被扶養者である家族も家族療養費を受けられる。

> **参考**　療養の給付：負担割合100分の30
> いわゆる「３割負担」といわれるもの。要するに、７割は保険が使えるということである。

再就職先を退職したときは、あらためて
①国民健康保険に加入する
②任意継続被保険者になる
③家族の被扶養者になる
の３つの選択肢から、どれかひとつを選ぶことになる。

パート・アルバイトも社会保険に加入する

●2022年10月から

従業員数101～500人の企業が対象

●2024年10月から

従業員数51～100人の企業が対象

加入対象者

①週の所定労働時間が20時間以上30時間未満
（※週所定労働時間が40時間の企業の場合）
②月額賃金が8.8万円以上
③２カ月を超える雇用の見込みがある
④学生ではない

06 家族の扶養になる手もあり

扶養家族として認められれば、健康保険に加入ができて、保険証が発行されます。

妻や子供の被扶養者になるという選択

定年退職後の医療保険の選択肢について説明してきましたが、最後に裏ワザ的な方法として「**家族の扶養になる**」ケースを検討してみましょう。

配偶者や子供の被扶養者になる場合が、これにあてはまります。要するに、配偶者や子供の加入している健康保険の**被扶養者**になるわけです。もちろん誰でも被扶養者になれるわけではなく、被扶養者の範囲や年収、所得等の制限がありますので、この点をクリアしなければなりません。

健康保険に加入している家族が**3親等内の親族**であることが条件ですが、配偶者や子供は3親等内ですから大丈夫です。

それから、その家族によって生計を維持されていることが必要です。**年収130万円未満**であること（60歳以上または障害者の場合は180万円未満）、被保険者の年収の2分の1未満であることなどが条件となります（同居の場合）。また、雇用保険から一定以上の失業給付を受けていたり、受けようとしている期間は、被扶養者になれないこともあるので注意しましょう。

保険料負担がないのが最大のメリット

配偶者や子供の被扶養者になるメリットは、何といっても保険料の負担がなくなることです。任意継続被保険者になる、国民健康保険に加入する場合は、当然のことながら保険料の支払いが発生するわけであって、別途保険料の負担がない被扶養者になるメリットは非常に大きいといえます。

■被扶養者とは？

●被扶養者の範囲

被保険者の３親等内の親族であり、主として被保険者により生計を維持されている人。

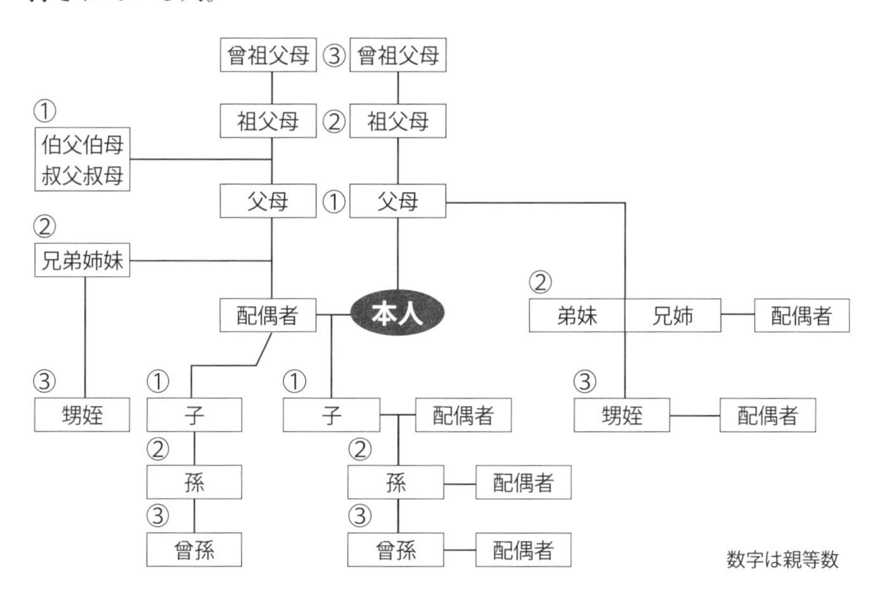

●収入の制限

・被保険者と同居している場合

年収が130万円未満*であり、被保険者の年収より低い。

＊60歳以上または障害者の場合は180万円未満

・被保険者と同居していない場合

年収が130万円未満*であり、被保険者からの援助額より低い。

＊60歳以上または障害者の場合は180万円未満

●手続き方法

被保険者が勤務している会社に申し出る。勤務先を通じて、被保険者証とともに「健康保険 被扶養者（異動）届」を提出する。

知っ得!!
被扶養者の人数が増えても、
健康保険料が
上がることはない

07 75歳からは後期高齢者医療制度に

74歳までを前期高齢者、75歳以上を後期高齢者といいます。この年代の医療保険制度について確認しておきましょう。

70歳になると高齢受給者証が交付される

60歳、65歳そして次の節目の年齢は70歳です。70歳になると、75歳になるまでの間、保険者から「**高齢受給者証**」が交付されます。高齢受給者証は、加入している医療保険制度にかかわらず、70歳以上の被保険者及び被扶養者の人に交付されるものです。

この高齢受給者証は、医療機関の窓口での一部負担金の割合を示す証明書であり、所得状況等によって1～3割負担のいずれかの数字が記載されています。受診されるときは、健康保険証とあわせて高齢受給者証を提示します。ケガや病気のために医療機関で受診した場合は“3割負担”と刷り込まれている人が多いと思いますが、70歳以上になると自己負担が2割、1割になったりするのです（所得の多い人は3割：現役並み所得者といいます）。

75歳からは後期高齢者医療制度に移行する

さらに75歳になると、それまで加入していた医療保険制度を脱退して、**後期高齢者医療制度**に移行します。この年齢になると、他の医療保険制度を選択する余地はなくなります。家族の扶養になっていた人も、75歳になると外れます。会社員ＯＢも自営業者だった人も皆同じく、医療保険は後期高齢者医療制度ということになるわけです。

後期高齢者になっても、実質的な保険からの給付内容はいままでとほとんど同じ。保険料の支払いは、多くの方が年金から天引きされる「**特別徴収**」となります。

■高齢者の医療保険の適用について

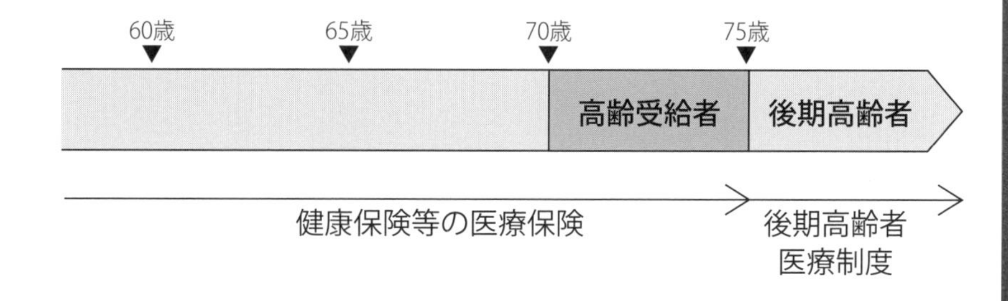

●現役並み所得者とは？

計算方法	
健康保険の場合	標準報酬月額28万円以上の70歳から74歳の被保険者
国民健康保険の場合	住民税課税所得が145万円以上の70歳から74歳の被保険者
後期高齢者医療制度の場合	住民税課税所得が145万円以上の被保険者

一部負担金の割合は"3割"となる

ただし、被保険者の収入額が、同一世帯２人以上で520万円未満、単身で383万円未満の場合は、１割または２割負担となる。

つまり…

国民健康保険や後期高齢者医療制度の加入者については、課税所得が145万円以上ある人	健康保険の加入者については、標準報酬月額が28万円以上ある人

が現役並み所得者とされる

ただし、被扶養者との年収の合計が520万円未満の人などは、現役並み所得者に該当しない。

08 もしものときも安心 高額療養費の仕組み

高額療養費は、家計に対する医療費の自己負担が過重なものにならないように、支援してくれる制度です。

払い過ぎた医療費は戻ってくる

重い病気などのため病院に長期間入院したり、治療が長引いたりすると、医療費の自己負担額が多額になってしまいます。

そうなると、医療費の支払いが家計を圧迫するであろうことは、想像するに難くないでしょう。

家計の負担を軽減できるよう、設けられているのが**高額療養費制度**です。高額療養費制度とは、1カ月間に受けた療養に対する自己負担額が自己負担限度額（**高額療養費算定基準額**）を超えた場合、その超えた分を保険給付する仕組みです。

高額療養費は、現金給付を原則とします。要するに、自己負担限度額を超えた部分が払い戻しされるようなものであると理解してください。

入院時の医療費以外の出費は民間の医療保険で備える

高額療養費があるおかげで、例えば100万円の医療費（自己負担3割で30万円）がかかったとしても、実質的な負担は8万円程度で済みます。

人間誰しもいつ大病を患うかわかりませんが、高額療養費制度があるので、医療費負担はかなり低減されます。高額療養費の制度は、健康保険はもちろん、国民健康保険、後期高齢者医療制度にもある**法定必須給付**となっています。

以上のように、健康保険等の公的医療保険は、結構頼りになります。民間の医療保険に加入する場合は、高額療養費で足りない部分（差額ベッド代等）を補うものを選ぶとよいでしょう。

■高額療養費制度

高額療養費制度とは、高額の医療費負担を軽減するために、自己負担をした額が限度額を超えたとき、超過分を払い戻してくれる制度である。

※健康保険だけでなく、国民健康保険、後期高齢者医療制度にも高額療養費の制度は整備されている。

●70歳未満の人の自己負担限度額（協会けんぽの場合）

所得区分		自己負担限度額
① 区分ア	標準報酬月額83万円以上の人 （報酬月額81万円以上）	252,600円＋ (総医療費－842,000円)×1%
② 区分イ	標準報酬月額 53万円～79万円未満の人 （報酬月額51万5千円以上～81万円未満）	167,400円＋ (総医療費－558,000円)×1%
③ 区分ウ	標準報酬月額 28万円～50万円未満の人 （報酬月額27万円以上～51万5千円未満）	80,100円＋ (総医療費－267,000円)×1%
④ 区分エ	標準報酬月額26万円以下の人 （報酬月額27万円未満）	57,600円
⑤区分オ （低所得者）	被保険者が市区町村民税の 非課税者等	35,400円

区分ウの人が入院をして１カ月間の医療費が100万円、自己負担３割（30万円）を支払った場合

窓口での負担額（300,000円）

自己負担限度額 (87,430円)	高額療養費 (払い戻し) (212,570円)	療養の給付 (療養費)

医療費総額（100万円）

300,000円－［80,100円＋(1,000,000円－267,000円)×1%］＝ **212,570円**

↑

戻ってくるお金

【コラム】
介護保険の基礎知識

●40歳以上の人は介護保険の第２号被保険者

介護保険は、医療保険と同じく被保険者が保険料を納付し、介護が必要な人が適切な介護サービスを受けられるように、国民の共同連帯によって支える社会保険の制度のひとつです。

私たちは40歳になると、被保険者として介護保険に加入しますが、介護保険の被保険者は１号と２号の２種類があります。

第１号被保険者	：市町村の区域内に住所を有する65歳以上の者
第２号被保険者	：市町村の区域内に住所を有する40歳以上65歳未満の医療保険加入者

現役で会社勤めをしている40歳以上の会社員であれば、第２号被保険者に該当します。そして65歳以上になると、第１号被保険者になります(職業は関係ありません)。

●保険料は給与から天引きされている

40歳以上の人で、自分は介護保険の保険料を払っているのか？　疑問に感じる人がいるかもしれません。きちんと払っていますので、大丈夫です。実は、介護保険の保険料は医療保険の保険料と一緒に徴収されています。会社員であれば、健康保険の保険料と合わせて、給与から天引きされる形で払っています。国民健康保険の場合も、同じく医療保険料に上乗せされて徴収されています。

第２号被保険者になると、老齢等年金給付の額が18万円以上の人の場合、年金から介護保険料が天引き徴収されます（特別徴収）。ちなみに、75歳以上になると、後期高齢者医療の保険料も年金から天引きされるようになります。

5章

退職後の税金編

01 退職金に税金がかかる場合

退職金に関しては、「退職所得の受給に関する申告書」を提出し、源泉徴収されている場合は、確定申告をする必要はありません。

退職金は税負担が軽くなるように配慮されている

会社を辞めて退職金をもらった場合にも税金がかかります。退職金の税金の計算には**退職所得控除**という仕組みと原則**2分の1**（つまり、半分）だけ課税という特徴があります。また、退職金は、原則として通常の給与と分けて税金の計算をします。

算式で示すと

(退職金－退職所得控除額)×1／2	＝(退職所得の金額)
(退職所得の金額)×税率	＝(退職金の税金)

となります。

※会社の役員等で勤続年数が５年以下の場合は２分の１の適用がない場合がある。
※従業員等で勤続年数が５年以下の者で、退職所得控除後の残額が 300 万円を超える部分については２分の１課税が不適用。

退職所得控除額は、下記の表のとおり、勤続年数に応じて定められています。

退職所得控除額の計算	
勤続年数	退職所得控除額
勤続年数が20年以下の場合	40万円×勤続年数 (80万円に満たない場合には、80万円)
勤続年数が20年超の場合	800万円＋70万円×(勤続年数－20年)

※勤続年数が1年未満の端数は切り上げる
※障害者になったことが直接の原因で退職した場合の退職所得控除額は、上記の方法により計算した額に、100万円を加えた金額となる。
※退職手当金を年金で受取る場合は雑所得となる。

なお、退職金の支払いの際に「**退職所得の受給に関する申告書**」を提出している人については、会社が税金を計算し、源泉徴収されているため、原則として確定申告は必要ありません。

一方、「退職所得の受給に関する申告書」の提出がなかった人については、退職金の支払金額の20.42％（復興特別税を含む）が源泉徴収されていますので、確定申告を行うことにより税金の精算をします。

■退職所得の受給に関する申告書

「退職所得の受給に関する申告書」は、源泉徴収（税金の控除）に必要な申告書である。もしこの申告書を提出しない場合は、退職所得控除を受けないまま税金の支払いを行うことになってしまう。会社から申告書の提出についての話がなかったら、経理担当等に必ず確認すること。

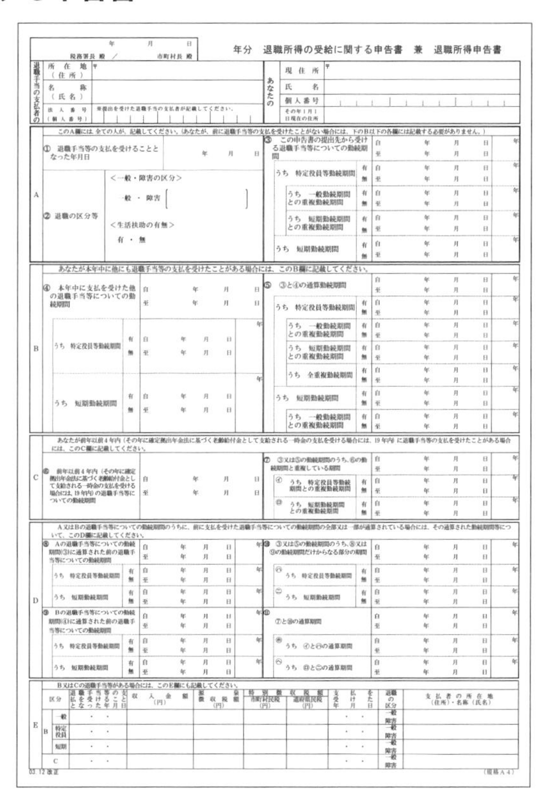

年　月　日
税務署長 殿 ／ 市町村長 殿

年分　退職所得の受給に関する申告書　兼　退職所得申告書

退職手当の支払者の
所在地（住所）〒
名称（氏名）
法人番号（個人番号）※提出を受けた退職手当の支払者が記載してください。

あなたの
現住所 〒
氏名
個人番号
その年1月1日現在の住所

A　このA欄には、全ての人が、記載してください。（あなたが、前に退職手当等の支払を受けたことがない場合には、下のB以下の各欄には記載する必要がありません。）
① 退職手当等の支払を受けることとなった年月日　年　月　日
② 退職の区分等　＜一般・障害の区分＞ 一般 ・ 障害［　］　＜生活扶助の有無＞ 有 ・ 無
③ この申告書の提出先から受ける退職手当等についての勤続期間　自 年 月 日 至 年 月 日　年
うち 特定役員等勤続期間　有・無　自 年 月 日 至 年 月 日　年
うち 一般勤続期間との重複勤続期間　有・無　自 年 月 日 至 年 月 日　年
うち 短期勤続期間との重複勤続期間　有・無　自 年 月 日 至 年 月 日　年
うち 短期勤続期間　有・無　自 年 月 日 至 年 月 日　年

B　あなたが本年中に他にも退職手当等の支払を受けたことがある場合には、このB欄に記載してください。
④ 本年中に支払を受けた他の退職手当等についての勤続期間　自 年 月 日 至 年 月 日　年
うち 特定役員等勤続期間　有・無　自 年 月 日 至 年 月 日　年
うち 短期勤続期間　有・無　自 年 月 日 至 年 月 日　年
⑤ ③と④の通算勤続期間　自 年 月 日 至 年 月 日　年
うち 特定役員等勤続期間　有・無　自 年 月 日 至 年 月 日　年
うち 一般勤続期間との重複勤続期間　有・無　自 年 月 日 至 年 月 日　年
うち 短期勤続期間との重複勤続期間　有・無　自 年 月 日 至 年 月 日　年
うち 全重複勤続期間　有・無　自 年 月 日 至 年 月 日　年
うち 短期勤続期間　有・無　自 年 月 日 至 年 月 日　年
うち 一般勤続期間との重複勤続期間　有・無　自 年 月 日 至 年 月 日　年

C　あなたが前年以前4年内（その年に確定拠出年金法に基づく老齢給付金として支給される一時金の支払を受ける場合には、19年内）に退職手当等の支払を受けたことがある場合には、このC欄に記載してください。
⑥ 前年以前4年内（その年に確定拠出年金法に基づく老齢給付金として支給される一時金の支払を受ける場合には、19年内）の退職手当等についての勤続期間　自 年 月 日 至 年 月 日
⑦ ③又は⑤の勤続期間のうち、⑥の勤続期間と重複している期間　自 年 月 日 至 年 月 日　年
㋑ うち 特定役員等勤続期間との重複勤続期間　有・無　自 年 月 日 至 年 月 日　年
㋺ うち 短期勤続期間との重複勤続期間　有・無　自 年 月 日 至 年 月 日　年

D　A又はBの退職手当等についての勤続期間のうちに、前に支払を受けた退職手当等についての勤続期間の全部又は一部が通算されている場合には、その通算された勤続期間等について、このD欄に記載してください。
⑧ Aの退職手当等についての勤続期間（③）に通算された前の退職手当等についての勤続期間　自 年 月 日 至 年 月 日　年
うち 特定役員等勤続期間　有・無　自 年 月 日 至 年 月 日　年
うち 短期勤続期間　有・無　自 年 月 日 至 年 月 日　年
⑨ Bの退職手当等についての勤続期間（④）に通算された前の退職手当等についての勤続期間　自 年 月 日 至 年 月 日　年
うち 特定役員等勤続期間　有・無　自 年 月 日 至 年 月 日　年
うち 短期勤続期間　有・無　自 年 月 日 至 年 月 日　年
⑩ ③又は⑤の勤続期間のうち、⑧又は⑨の勤続期間だけからなる部分の期間　自 年 月 日 至 年 月 日　年
㋩ うち 特定役員等勤続期間　有・無　自 年 月 日 至 年 月 日　年
㊁ うち 短期勤続期間　有・無　自 年 月 日 至 年 月 日　年
⑪ ⑦と⑩の通算期間　自 年 月 日 至 年 月 日　年
㋭ うち ㋑と㋩の通算期間　自 年 月 日 至 年 月 日　年
㋬ うち ㋺と㊁の通算期間　自 年 月 日 至 年 月 日　年

E　B又はCの退職手当等がある場合には、このE欄にも記載してください。

区分		退職手当等の支払を受けることとなった年月日	収入金額（円）	源泉徴収税額（円）	特別徴収税額 市町村民税（円）	特別徴収税額 道府県民税（円）	支払を受けた年月日	退職の区分	支払者の所在地（住所）・名称（氏名）
B	一般	・　・					・　・	一般 障害	
B	特定役員	・　・					・　・	一般 障害	
B	短期	・　・					・　・	一般 障害	
C		・　・					・　・	一般 障害	

03.12改正　（規格A4）

02 年金からも所得税を取られるの？

所得税法上、公的年金は「雑所得」に区分されます。退職して、年金を受取るようになると、自分で確定申告をする必要があります。

65歳になると控除額が大きくなる

日本人の平均寿命は、男性81.47歳、女性87.57歳（令和３年、簡易生命表）となっており、日本は長寿大国です。

その一方で、高齢による認知症や老老介護の問題など、長生きゆえの悩みも尽きません。年金生活に入ったら、できるだけ出費を抑えたくなりますが、年金にも税金が課税されると聞くと、驚いてしまう人もいます。

でも、公的年金等の所得の計算には、大幅な控除の仕組みがあります。

公的年金等の収入金額×割合－控除額
＝
公的年金等の所得金額

実際の公的年金等に係る所得の金額の計算は、 171ページの速算表を使うと簡単に算出できます。65歳未満と65歳以上では計算式が異なり、65歳以上では控除額も大きくなります。

公的年金等の確定申告不要制度が利用できる

公的年金等の収入金額が**400万円以下**であり、かつ、その年分の公的年金等に係る所得以外の所得金額が**20万円以下**である場合には、確定申告の必要はありません。

ただし、公的年金等以外の所得金額が20万円以下で確定申告の必要がない場合であっても、住民税の申告が必要な場合があります。また、**医療費控除**等による所得税の還付を受けるためには確定申告をします。

■公的年金等からの源泉徴収とは？

公的年金等の支払いを受けるときは、原則として収入金額からその年金に応じて定められている一定の控除額を差し引いた額に5.105％を乗じた金額が源泉徴収される。

（注）平成25年1月1日から令和19年12月31日までの間に生ずる所得については、所得税とともに復興特別所得税が源泉徴収される。

■公的年金等に係る雑所得の速算表（令和２年分以後）

年齢の区分および「(a) 公的年金等の収入金額の合計額」に対応した「(b) 公的年金等に係る雑所得の金額」の計算式を使って算出する。

年金を受取る人の年齢	(a) 公的年金等の収入金額の合計額	(b) 公的年金等に係る雑所得の金額
65歳未満	60万円以下	0円
	60万円超130万円未満	収入金額の合計額−60万円
	130万円以上410万円未満	収入金額の合計額×0.75−27万5千円
	410万円以上770万円未満	収入金額の合計額×0.85−68万5千円
	770万円以上1,000万円未満	収入金額の合計額×0.95−145万5千円
	1,000万円以上	収入金額の合計額−195万円5千円
65歳以上	110万円以下	0円
	110万円超330万円未満	収入金額の合計額−110万円
	330万円以上410万円未満	収入金額の合計額×0.75−27万5千円
	410万円以上770万円未満	収入金額の合計額×0.85−68万5千円
	770万円以上1,000万円未満	収入金額の合計額×0.95−145万5千円
	1,000万円以上	収入金額の合計額−195万5千円

65歳以上の人で「公的年金等の収入金額の合計額」が360万円の場合公的年金等に係る雑所得の金額は、次のように計算される。

3,600,000円×75％－275,000円＝2,425,000円

03 個人年金・生命保険金にも税金はかかるの？

老後の備えとして、加入している個人年金についても、年金を受取るようになると、これにも税金がかかってきます。

個人年金保険の年金受取時にかかる税金

保険会社等と個人年金契約を結び、その結果として支払いを受ける**個人年金**を、一般的に**私的年金**といいます。

●私的年金（個人年金）の計算

私的年金は、受取った年金の金額から必要経費にあたる払込保険料を差引いた金額を所得金額とします。これは雑所得となります。

受取った私的年金の額	−	必要経費・私的年金の額に対応する払込保険料	＝	私的年金の所得金額

年金が支払われる際は、次の算式により計算した所得税及び復興特別所得税が源泉徴収されます。

（受取った私的年金の額 − 私的年金の額に対応する保険料）×10.21％

ただし、年金の年額からそれに対応する保険料の額を控除した残額が25万円未満の場合には、源泉徴収されません。また、平成25年1月1日から令和19年12月31日までの間に生ずる所得については、所得税とともに復興特別所得税が源泉徴収されます。

満期保険金は一時所得となる

生命保険等の**満期保険金**を一度に受取った場合は、一時所得となり、課税所得金額は、次の算式によって算出された額となります。**特別控除額（50万円）**があるなど、税負担の軽減があるのが一時所得の特徴です。

満期保険金	−	（支払保険料総額−剰余金）	−	50万円（50万円に満たない場合にはその金額）	=	**一時所得の金額**

税金の対象となる金額 ＝ 一時所得の金額 × 1／2

一時所得の金額は、その満期保険金として受取った保険金の金額から払い込んだ保険料を差し引き、さらに一時所得の特別控除額50万円を差し引いた金額です。税金の対象となるのは、この金額をさらに2分の1にした金額となります。

現役の会社員の場合は、原則として**年末調整**によって税金の精算が行われることとなるので、確定申告は不要です。しかし、もし給与や退職金以外の一時所得の金額が**20万円を超える**ときなどは、確定申告をする必要があります。したがって、満期保険金については、特別控除後の金額を2分の1にした金額が20万円を超えていると、確定申告をする必要があります。

満期保険金の課税関係図

保険料の負担者	満期保険金受取人	税金の種類
会社員（本人）	会社員（本人）	所得税
会社員（本人）	会社員の妻	贈与税

上記の図表で示したように、所得税が課税されるのは、保険料の負担者と満期保険金の受取人とが同一の会社員（本人）の場合です。

また、**贈与税**が課税されるのは、保険料の負担者と満期保険金の受取人とが異なる場合です。保険料を負担していない人が満期や解約により、生命保険金を受取った場合には、保険料を負担した人からその生命保険金の贈与があったものとされます。

04 住民税は１年後が怖い

住民税は、前年の所得に対して計算されます。退職直後の1年目は、現役時代の所得で計算された税額を納付します。

社会人１年目は住民税が発生しないカラクリ

新卒の新入社員の場合は、一般的に前年の所得がないため、入社後の1年目は**住民税**がかかりません。しかし、会社を退職した場合の翌年は、働いていたときの住民税を納めなければならないことがあります。

●特別徴収と普通徴収

個人の住民税は、**道府県民税**と**市町村民税**を合わせたものですが、前年の所得に対して1月1日現在の住所地の市区町村で課税されます。会社員の場合は毎年会社が年末調整をした後に、1月31日までに住民税の申告（給与支払報告書）を各人の市区町村に提出します。

その後、各人の納付書が会社に届きますので、6月から翌年の5月までの12回に分けて毎月の給与から会社が天引きして各人の市区町村に納めます。これを**特別徴収**といいます。

一方、個人の自営業者などは個人の確定申告をもとに市区町村から直接に納税通知書が送付されてきて年4回、一般的には6月、8月、10月、翌年の1月に分けて納税をします。これを**普通徴収**といいます。

●会社を退職するときの住民税の納税は？

会社を1月から5月に退職した場合は、残りの住民税は最後の給与が支払われるときに一括で会社が天引きし、退職者の納税地である市区町村に納めます。また、会社を6月から12月に退職した場合は残りの住民税は一括で天引きされるか、普通徴収に切替えて自分で納めていくか選択できます。

●退職後の翌年の住民税は？

退職の年の１月１日から退職日までの給与の住民税は退職した年の翌年に納税地の市区町村から直接納付書が送られてきます。ですから退職して働いていない場合などは、びっくりする金額であることがあります。納税のために、退職金などをプールしておくとよいでしょう。

■個人住民税

<table>
<tr><th>区分</th><th>個人住民税</th></tr>
<tr><td>課税主体</td><td>賦課期日（１月１日）現在の住所地の市（区）町村及び都道府県</td></tr>
<tr><td>納税義務者</td><td>①市区町村・都道府県内に住所を有する個人（均等割・所得割）
②市区町村・都道府県内に事務所、事業所又は家屋敷を有する個人（①に該当する者を除く）（均等割）</td></tr>
<tr><td>課税方式</td><td>賦課課税方式（市町村が税額を計算、確定）</td></tr>
<tr><td>課税標準</td><td>（所得割）前年中の所得金額</td></tr>
<tr><td>税率</td><td>所得割
＜総合課税分＞
<table>
<tr><td></td><td colspan="3">標準税率</td></tr>
<tr><td></td><td>（都道府県）</td><td>（市町村）</td><td>（合 計）</td></tr>
<tr><td>一律</td><td>4％</td><td>6％</td><td>10％</td></tr>
</table>
＜分離課税分＞
（例）課税長期譲渡所得金額
<table>
<tr><td></td><td>（都道府県）</td><td>（市町村）</td><td>（合 計）</td></tr>
<tr><td>一律</td><td>2％</td><td>3％</td><td>5％</td></tr>
</table>
均等割
<table>
<tr><td></td><td>標準税率（年額）</td></tr>
<tr><td>都道府県</td><td>1,500円</td></tr>
<tr><td>市町村</td><td>3,500円</td></tr>
</table>
</td></tr>
</table>

05 確定申告すれば税金が戻ってくるかも!?

年の途中で退職して、その後働いていなければ、ほとんどの人の場合、確定申告をすることで、払い過ぎた税金を取り戻せます。

確定申告すれば所得税の還付があるケースを知る

年の途中で退職すると**年末調整**を受けないことになるので、退職後に再就職しない場合は、**確定申告**をすると税金が戻ることがあります。

●中途退職で再就職せずに年末調整を受けていないとき

会社員は、毎月の給与から税金を源泉徴収されています。この源泉徴収は概算で行われていますから、源泉徴収された税金の1年間合計額は、必ずしも納めるべき1年間の税金の額と一致していません。過不足が生じています。そこで、年末調整によってこの過不足額を精算するのですが、年の途中で退職すると、この精算がされていないため税金の納め過ぎになっている場合があります。

この納め過ぎの税金は、翌年になってから確定申告をすれば還付を受けられます。この申告は、退職した翌年以降**5年以内**であれば行うことができます。なお、同じ年に再就職をした場合には、新しい会社で年末調整が行われ、源泉徴収された税金は精算されますので確定申告の必要はありません。

●給与所得控除は会社員の必要経費である

確定申告をするときには、年末調整時に会社に提出していた生命保険料控除や地震保険料控除の証明書の他に会社から発行される退職した年の1月1日から退職日までの**源泉徴収票**が必要になります。ここで申告の際に大事なのは、給与収入額から給与所得控除額を差引くということです。会社員には必要経費は原則認められていません。

しかし、確定申告で必要経費の計上が認められている自営業者とのバランスを考え、また給与所得者の税金の徴収が源泉徴収のシステムに基づきガラス張りなどの点を配慮して、下表のように、収入に応じて一定額の必要経費である**給与所得控除**が認められています。ザックリ収入の30％くらいでしょうか。１年間の給与の合計額から給与所得控除額が差引かれます。

■給与所得控除額

令和２年分以降　平成29年分から令和元年分

給与等の収入金額 (給与所得の源泉徴収票の支払金額)	給与所得控除額
1,625,000円まで	550,000円
1,625,001円から 1,800,000円まで	収入金額×40%-100,000円
1,800,001円から 3,600,000円まで	収入金額×30%+80,000円
3,600,001円から 6,600,000円まで	収入金額×20%+440,000円
6,600,001円から 8,500,000円まで	収入金額×10%+1,100,000円
8,500,001円以上	1,950,000円（上限）

【参考】所得税率（平成27年分以降）

課税される所得金額	税率	控除額
195万円以下	5%	0円
195万円を超え 330万円以下	10%	97,500円
330万円を超え 695万円以下	20%	427,500円
695万円を超え 900万円以下	23%	636,000円
900万円を超え 1,800万円以下	33%	1,536,000円
1,800万円を超え4.000万円以下	40%	2,796,000円
4,000万円超	45%	4,796,000円

納付する所得税額は以下の計算式で求められる。

（給与等の収入金額―給与所得控除額）×所得税率＝所得税額

06 あなたにも相続税がかかるかも？

もはや相続税は富裕層の税金ではありません。平成27年の相続税法の大改正で、課税対象者が大幅に増えています。

そもそも相続税とはどんな税金なのか？

相続税の申告と納税は、相続により取得した財産の合計額が遺産に係る**基礎控除額**を超える場合に必要です。基礎控除額は、平成 27 年から 3,000 万円に法定相続人の数に 600 万円を乗じた金額を加算した額です。

算式で示すと「**3,000 万円 +600 万円×法定相続人の数 = 基礎控除額**」となります。

相続により取得した財産の合計額が遺産に係る基礎控除額の範囲内であれば申告も納税も必要ありません。相続により取得した財産には、死亡した親（被相続人）の死亡前 **3 年以内**に被相続人から贈与により取得した財産を含み、財産の合計額には相続時精算課税（令和 6 年より法改正あり。180 ～ 183 ページ参照）の適用を受けて贈与により取得した財産の額を加算します。

相続税の申告は、被相続人が死亡したことを知った日の翌日から **10 カ月以内**に行います。

相続税の申告書の提出先は、被相続人の死亡の時における住所が日本国内にある場合は、被相続人の住所地を所轄する税務署です。財産を取得した人の住所地を所轄する税務署ではありません。

納税は、税務署だけでなく金融機関や郵便局の窓口でもできます。税金は金銭で一度に納めるのが原則ですが、相続税については、特別な納税方法として**延納**と**物納制度**（186 ページ参照）があります。延納は、何年かに分けて納めるもので、物納は相続などで取得した財産そのもので納める方法です。なお、この延納、物納を希望する人は申告書の提出期限までに許可を受ける必要があります。

■相続税がかかる財産

相続税は原則として、死亡した親（被相続人）の財産を相続によって取得したときに、その取得した相続財産に課税される。この相続財産とは、現金、預貯金、有価証券、宝石、土地、家屋などのほか貸付金、著作権など金銭に見積もることができる経済的価値のあるすべてのものをいう。また、被相続人から死亡前3年以内に贈与により取得した財産、相続時精算課税の適用を受ける財産も含まれる。

■相続税が課税されない財産

①墓地や墓石、仏壇、仏具、神を祭る道具など日常礼拝をしているもの
②宗教、慈善、学術、その他公益を目的とする事業を行う一定の個人などが相続や遺贈によって取得した財産で公益を目的とする事業に使われることが確実なもの
③地方公共団体の条例によって、精神や身体に障害のある人またはその人を扶養する人が取得する心身障害者共済制度に基づいて支給される給付金を受ける権利
④相続によって取得したとみなされる生命保険金のうち500万円に法定相続人の数を掛けた金額までの部分
⑤相続や遺贈によってもらったとみなされる退職手当金等のうち500万円に法定相続人の数を掛けた金額までの部分
⑥個人で経営している幼稚園の事業に使われていた財産で一定の要件を満たすもの
⑦相続や遺贈によって取得した財産で相続税の申告期限までに国または地方公共団体や公益を目的とする事業を行う特定の法人に寄附したもの、あるいは、相続や遺贈によってもらった金銭で、相続税の申告期限までに特定の公益信託の信託財産とするために支出したもの

07 相続税と贈与税の基礎知識

贈与税は相続税より税負担が重くなる場合が多いのですが、相続財産を減らすための子供への財産贈与はどうしたらいいのでしょうか？

相続税と贈与税、税金が高いのはどっち?

181ページの表を見てもわかるとおり、同じ額でも相続税より贈与税の税率が高いことがわかります。贈与税の課税制度には、**暦年課税**と**相続時精算課税**の2つの制度があります。

●暦年課税

暦年課税とは、1月1日から12月31日までの1年間に、贈与によって取得したすべての財産の価額の合計額から贈与税の基礎控除額**110万円**を控除し、その差引残額に贈与税の税率を乗じて計算します。

(贈与財産の価額の合計額―基礎控除額110万円)×税率＝贈与税額

●相続時精算課税

これは、相続税の前払い制度と言えます。適用されるのは子や孫が父母・祖父母から贈与された財産についてです。

贈与時に毎年贈与財産に対する贈与税を納め、その贈与者（祖父母、親）が亡くなり相続が発生したら、生前贈与されていた贈与時の財産の価額すべてを相続財産に加算して相続税を計算し、その相続税額からあらかじめ納めていた贈与税を精算するというものです。

相続税額が贈与税総額より多ければ不足分を納付し、贈与税総額が相続税額より多ければ還付を受けます。

●贈与時の相続時精算課税制度の計算（令和5年12月31日まで）

（贈与財産の価額－控除額2,500万円）×一律20％＝贈与税額

※令和6年1月1日から以下のように変わります。

●贈与時の相続時精算課税制度の計算

（贈与財産の価額－基礎控除額 110 万円 -2,500 万円）× 20% = 贈与税額

この基礎控除の 110 万円は、相続時において相続財産に加算する必要がありません。また、暦年課税のような生前贈与加算もありません。さらに、相続時精算課税制度の適用を受けるには申告が必要でしたが、年間 110 万円までなら相続時精算課税の申告は不要です。

留意点 暦年課税と相続時精算課税制度は併用できません。また、相続時精算課税を選択したら、その選択をした年以後は同じ贈与者から受ける贈与は暦年課税にすることはできません。どちらもメリット・デメリットがあるので、事前に税理士に相談しましょう。

■相続税・贈与税の税率

相続税の速算表

法定相続分に応ずる取得額	税率	控除額
1,000万円以下	10%	—
3,000万円以下	15%	50万円
5,000万円以下	20%	200万円
1億円以下	30%	700万円
2億円以下	40%	1,700万円
3億円以下	45%	2,700万円
6億円以下	50%	4,200万円
6億円超	55%	7,200万円

贈与税の速算表　特例税率

基礎控除後の課税価格	税率	控除額
200万円以下	10%	—
400万円以下	15%	10万円
600万円以下	20%	30万円
1,000万円以下	30%	90万円
1,500万円以下	40%	190万円
3,000万円以下	45%	265万円
4,500万円以下	50%	415万円
4,500万円超	55%	640万円

上記の速算表は、直系尊属（祖父母や父母など）から一定の年齢の者（子・孫など）への贈与税の計算に使用する。

贈与税の速算表　一般税率

基礎控除後の課税価格	税率	控除額
200万円以下	10%	—
300万円以下	15%	10万円
400万円以下	20%	25万円
600万円以下	30%	65万円
1,000万円以下	40%	125万円
1,500万円以下	45%	175万円
3,000万円以下	50%	250万円
3,000万円超	55%	400万円

上記の速算表は、兄弟間の贈与、夫婦間の贈与、親から子への贈与で子が未成年者の場合など、特例贈与財産用に該当しない場合の贈与税の計算に使用する。

08 相続税対策①　生前贈与

贈与税は、相続税の税率より重い税率になっていますが、暦年課税の基礎控除などを利用すると相続税対策になります。

暦年贈与をどう使うか

前述のように、暦年贈与税の基礎控除額の計算期間は1年間、1月1日から12月31日の間にもらった財産の合計額が110万円以下の場合は贈与税の課税対象とならず、贈与税は課税されません。

例えば、子供が3人いる父親から子供たちに毎年、現金を100万円贈与すると10年間で100万円×10年×3人＝3,000万円の財産を、父親から子供たちに無税で移すことができます。

●暦年課税で基礎控除額110万円を利用する場合のデメリット

178ページで触れましたが、相続開始前3年以内に被相続人から贈与により取得した財産は、贈与がなかったものとして相続財産に含められます（**持ち戻し**）。令和6年1月1日より、この3年以内の部分に法改正が適用され、段階的に4年以内～7年以内へと年を追って移行していきます。経過措置として3年を超え7年以内に贈与された財産については合計100万円まで非課税とされます。

●暦年課税の留意点

贈与を毎年継続的に行う場合は、贈与を受ける人（受贈者）の口座に現金を振り込むのがよいのですが、贈与をする人（贈与者）が勝手に口座を開設したり、印鑑や通帳を管理している場合は**名義預金**（めいぎよきん）とみなされ、贈与とは認められないことがあります。また、100万円×10年＝1,000万円が、一括で1,000万円の贈与（連年贈与）とみなされないように、贈与契約書などを用意しておいたほうがよいでしょう。

ポイント

1．贈与を受けた人が印鑑、通帳を管理する。
2．贈与契約書などを残しておく。
3．贈与の時期・金額に変化をつける。
4．不動産などの贈与は必ず登記をして名義変更をしておく。

180ページで相続時精算課税制度の改正について述べました。相続時精算課税制度は、今までは100万円の贈与でも申告書を提出しなければならないなど使い勝手が悪く、利用者は増えませんでした。これをもっと使いやすくしようとして考えられたのが、2,500万円の特別控除とは別枠の基礎控除110万円でした。110万円までなら申告も不要で、便利になりました。少しでも早く高齢者から現役世代に資産の移転を促し、経済活性化につなげようという目的が見えてきます。

●住宅取得等資金贈与の特例

住宅取得等資金贈与の特例とは、子や孫が住宅等を購入するための資金として、父母または祖父母が援助した場合は、一定の金額まで贈与税が課されない制度です。

つまり、家を建てる（購入する）ための資金援助は非課税ということ。これまでは、住宅用家屋の取得等に係る契約の締結日によって、段階的に非課税限度額が設けられていましたが、令和4年改正を受けて、現在は契約締結の時期を問わず、住宅用の家屋の種類ごとに非課税限度額が設定されています。

住宅取得等資金贈与の特例は、相続税対策として有効な手段です。令和5年12月31日までの贈与が条件ですので、子や孫への資金援助を考えている人は、早めの対応が求められると言えるでしょう。

住宅用の家屋の種類／贈与の時期	省エネ等住宅	左記以外の住宅
令和4年1月1日から 令和5年12月31日まで	1,000万円	500万円

09 相続税対策②　家族信託

相続対策として、遺言書の作成より気軽で、将来認知症になったときにも相続対策が中断しない家族信託の活用を考えてみましょう。

家族信託の仕組みについて

家族信託とは、一体どんなものなのでしょうか。そもそも信託とは、財産を信頼できる人に託すことをいいます。

信託の登場人物は、

①財産を預ける人（委託者）
②財産を預かる人（受託者）
③財産から生じる利益を受ける人（受益者）

の３人です。

一般的には、財産を預ける人（委託者）と利益を受ける人（受益者）は同じ人になります。このうち、家族で行う信託のことを家族信託といいます。

●家族信託の例

父の自宅について、子（長女）を受託者として信託するケースを検証してみます。父は以下のような家族信託をしました。

委託者…父
受託者…長女
受益者…父
信託財産…自宅・父所有の土地と家屋
信託の終了事由…父が死亡したことにより終了する
その他の信託の条項…残余財産は長女に帰属する

万が一、父が認知症になり、老人ホームに入居することになった場合、多額のお金が必要になります。自宅を売却すれば老人ホームへの入居資金は確保できそうです。しかし、認知症等により判断能力がなくなってしまうと、不動産の売却などの法律行為をすることができなくなってしまいます。でも、信託契約を締結しておけば、大丈夫です。長女は容易に自宅を売却することができます。しかもこの信託では、父の死亡後の自宅を長女に承継させることもできます。つまり、信託には**遺言**の機能もあるのです。

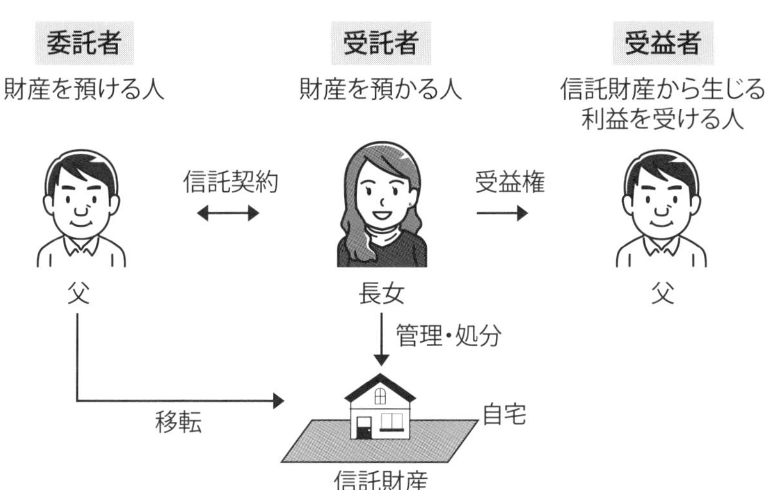

■家族信託の特徴

①成年後見制度を補うことができる。
②遺言の代わりとして使える。
③相続における財産承継がスムーズにできる。
④遺留分侵害額請求の対象になるため、遺留分を考慮した設計をする必要がある。

家族信託は、委託者と受託者で内容を決定し、契約書を作成すれば、その信託契約で成立します。専門家に依頼しなければ信託は成立しないわけではありませんが、事前に弁護士等の専門家に相談したほうがいいでしょう。

参考　一般社団法人 家族信託普及協会Webサイト　https://kazokushintaku.org/

10 相続税の申告・納付

相続税の納付は申告とともに10カ月以内に行うわけですが、ここでは延納制度と物納制度について詳しく見てみましょう。

相続税を物納で払うことはできないの?

●延納制度と物納制度

相続税の申告期限（納期限）までに相続税を現金で納めることが困難な場合には、分割払い（**延納制度**）が認められ、さらに分割でも困難な場合には相続した財産により納付（**物納制度**）することが認められています。

延納制度は、申請が認められれば税額の一部を少しずつ納める制度ですが、利息にあたる利子税も一緒に納付しなければなりません。延納申請には相続税額が10万円を超えること、金銭で納付することが困難である事由があること、その他一定の要件があります。また、延納税額が100万円を超える場合などは、担保を提供する必要があります。担保はやはり換金性の高いもの（国債、社債、土地、建物など）を拠出しなければなりません。

※延納の利子税は、相続財産のうちに不動産が占める割合によって、原則として年1.2%～6％（延納特例基準割合考慮前）となっているので、銀行からの借入金利が利子税より安い場合は借入金で支払ったほうが得な場合もある。利子税については延納申請に際し、事前に必ず確認すること。

物納制度は、原則として換金性の高いものを物納するので、換金しにくい遠隔地の土地などはなかなか認められません。また、申請をしたからといって必ず物納が認められるものでもありません。

物納財産は、おおよそ以下のものなどがあげられます。

物納申請財産は、相続財産のうち、次に掲げる財産および順位で、その所在が日本国内にあること。

第１順位　1　不動産、船舶、国債証券、地方債証券、上場株式等（特別の法律により法人の発行する債券および出資証券も含まれるが、短期社債等は除く）
　　　　　2　不動産および上場株式のうち物納劣後財産に該当するもの
第２順位　3　非上場株式等（特別の法律により法人の発行する債券および出資証券も含まれるが、短期社債等は除く）
　　　　　4　非上場株式のうち物納劣後財産に該当するもの
第３順位　5　動産

相続税の申告書には、さまざまな資料を添付しなければなりません。添付書類の主なものは次のとおりです。

添付書類の主なもの	入手先
被相続人の戸籍謄本	市区町村の役場
被相続人の出生から相続発生日までの除籍謄本、改正原戸籍謄本など	
相続人全員の戸籍謄本	
被相続人と各相続人の住民票	
遺言書または遺産分割協議書の写し	公証役場など
相続人全員の印鑑証明書	市区町村の役場
相続人全員のマイナンバー	
土地・家屋の固定資産評価証明書	都道府県税事務所
土地・家屋の登記簿謄本	法務局
土地等の公図など	
上場株式がある場合には評価証明書など	証券会社等
預貯金、貸付信託等の残高証明書（相続開始日現在）、預金通帳の写しなど	金融機関等
生命保険金・死亡退職手当金等の支払通知書の写し	生命保険会社・勤務していた会社
未納公租公課を証する書類の写し	市区町村など
葬式費用の領収書等の写し	葬儀会社
銀行借入金の明細など	金融機関など

【コラム】
遺言のすすめ

●使いやすくなった自筆証書遺言

遺言書には、自筆証書遺言、公正証書遺言、秘密証書遺言の３種類があります。それぞれ簡単に説明します。

自筆証書遺言は、遺言者本人が自筆で作成する遺言です。費用も掛かりませんし、いつでもどこでも作成することができます。保管場所が自筆証書遺言の難点だったのですが、2020（令和２）年７月10日から法務局で遺言書を保管してくれる「自筆証書遺言書保管制度」が始まったことで、紛失・隠匿を防止することができるようになりました。

なお、自筆証書遺言は相続が開始したときに家庭裁判所で検認の手続きが必要です。

公正証書遺言は、専門家と一緒に作成する遺言です。費用は掛かりますが、２人以上の証人が立会いのうえ法務大臣から任命された公証人が作成をサポートしますので内容の不備はなく、遺言書の原本は公証役場で保管するため、紛失などの心配はありません。遺言の内容を実行、実現してくれる遺言執行者を決めておくと、なお安心感が高まります。

秘密証書遺言は、自筆証書遺言と公正証書遺言をあわせたような遺言です。遺言者本人が自筆やワープロで作成した遺言書を封印し、公証人にこの封書を提出し、証人（2人以上）の前で、自分の遺言書であること並びに本人の氏名及び住所を申述します。

その後、公証人がこの封書に提出日と申述の旨を記載し、本人と証人が署名押印して作成する遺言書です。

公正証書遺言と違って、遺言の内容を誰にも明かさず作成することができます。しかし、自筆証書遺言と同じように、家庭裁判所で検認の手続きが必要になったり、内容に不備があると遺言が無効になる場合があります。

また、保管は遺言者本人の責任になるため、発見されないリスクがあるなど、使い勝手はいまひとつです。

索引

【あ】

【か】

【さ】

【た】

【な】

【は】

【ま】

【ら】

【著者】

房野和由（ふさの・かずよし）

特定社会保険労務士。埼玉県生まれ。早稲田大学大学院法学研究科修士課程修了。開業社労士の傍ら、資格専門学校にて社労士受験講座の講師を務める。著書に『障害年金・生活保護で不安なく暮らす本』『まず200万円もらって始める、ゆるゆる起業』（以上、ぱる出版）などがある。

柴崎貴子（しばさき・たかこ）

税理士・社会保険労務士。柴崎会計事務所代表。東京都生まれ。明治大学政治経済学部政治学科卒業。「幸せな相続」ができるよう、お客様には生前贈与対策の提案に努めている。東京税理士会練馬東支部 税務支援対策部所属。小中学校で租税教育を行うほか、大学で租税法講座の担当も受け持っている。著書に『生前贈与の手続きの進め方』、『不動産取引の進め方』、『家族信託の手続きの進め方』（いずれも彩図社）などがある。

本書の内容は、2023年6月現在のものです。法改正等の最新情報については、厚生労働省ホームページ、日本年金機構ホームページ、国税庁ウェブサイト等をご覧になってくださいますようお願い致します。

改訂版 **社労士・税理士が教える**
絶対にやっておかないとヤバイ！
定年前後の手続きの進め方

2023年 7月20日　第一刷

著　者　　房野和由・柴崎貴子

イラスト　　川本まる

発行人　　山田有司

発行所　　株式会社　彩図社
東京都豊島区南大塚 3-24-4
MT ビル　〒 170-0005
TEL：03-5985-8213　FAX：03-5985-8224

印刷所　　シナノ印刷株式会社

URL：　https://www.saiz.co.jp
https://twitter.com/saiz_sha

ISBN978-4-8013-0669-1 C0033
落丁・乱丁本は小社宛にお送りください。送料小社負担にて、お取り替えいたします。
定価はカバーに表示してあります。

一部イラスト：Freepik より